跨境电子商务(shopify 自建站)

总主编 钟建康

主　编 孙海峰　李成庆　徐小娟

副主编 刘钰慧　朱晨曦　谭敏亚

浙江工商大学出版社
ZHEJIANG GONGSHANG UNIVERSITY PRESS
·杭州·

图书在版编目(CIP)数据

跨境电子商务：shopify 自建站 / 孙海峰，李成庆，徐小娟主编；刘钰慧，朱晨曦，谭敏亚副主编. —杭州：浙江工商大学出版社，2023.10

ISBN 978-7-5178-5728-0

Ⅰ. ①跨… Ⅱ. ①孙… ②李… ③徐… ④刘… ⑤朱… ⑥谭… Ⅲ. ①电子商务—中等专业学校—教材 Ⅳ. ①F713.36

中国国家版本馆 CIP 数据核字(2023)第 179012 号

跨境电子商务(shopify 自建站)

KUAJING DIANZI SHANGWU (shopify ZIJIANZHAN)

主　编　孙海峰　李成庆　徐小娟
副主编　刘钰慧　朱晨曦　谭敏亚

策划编辑	厉　勇
责任编辑	杨　戈
责任校对	沈黎鹏
封面设计	蔡海东
责任印制	包建辉
出版发行	浙江工商大学出版社
	（杭州市教工路 198 号　邮政编码 310012）
	（e-mail：zjgsupress@163.com）
	（网址：http://www.zjgsupress.com）
	电话：0571-88904980,88831806(传真)
排　　版	杭州朝曦图文设计有限公司
印　　刷	浙江全能工艺美术印刷有限公司
开　　本	787mm×1092mm　1/16
印　　张	5
字　　数	85 千
版印次	2023 年 10 月第 1 版　2023 年 10 月第 1 次印刷
书　　号	ISBN 978-7-5178-5728-0
定　　价	25.00 元

本书编委会

总主编 钟建康

主　编 孙海峰　　李成庆　　徐小娟

副主编 刘钰慧　　朱晨曦　　谭敏亚

参　编 王桂琴　　任晓燕　　诸晓萍

　　　　　潘　董　　罗　楠　　张　晴

　　　　　蒋莹洁

前　言

　　跨境电子商务自建站是在全球数字化趋势下,利用网络平台为国际市场提供产品和服务的一种创新商业模式。随着全球互联网的发展和数字化进程的加速,自建站已经成为跨境电子商务的重要一环,为企业和个人创造了更多的国际贸易机会。

　　在这个数字化时代,全球互联网正在重塑商业社会的面貌。跨境电子商务作为其中的一个重要分支,为企业和个人提供了前所未有的国际贸易机遇。随着科技的飞速发展和全球市场的日益互联,越来越多的人开始意识到,在这个边界逐渐模糊的世界里,创业可能性已经超越了地域的限制。

　　自建站作为跨境电子商务的核心,已经成为企业与消费者之间桥梁的代名词。它不仅仅是一个信息传递的平台,还是一个连接不同国家、文化和市场的窗口。借助自建站,商家不再受制于地理位置,而是能够将产品和服务直接呈现给全球的潜在客户。一个精心设计的跨境电子商务网站,不仅能够展示产品和服务,还可以提供无限的商业机会。通过自建站,商家可以跨越地域限制,拥有世界各地的潜在客户,实现全球销售和品牌推广。同时,自建站还能够赋予商家更大的灵活性和创意空间,使商家能够根据市场需求随时调整产品形态、产品定价和营销策略。

　　贸易过程中即使面临诸多挑战,也请铭记,每一步都是探索的过程,每一次努力都是宝贵财富的积累。它需要综合考虑许多因素,包括网站设计、用户体验、支付和物流设置、国际法律法规等。在构建自己的跨境电子商务自建站之前,商家需要进行充分的规划和准备,以确保网站能够顺利运营并实现预期目标。

　　《跨境电子商务(shopify自建站)》将深入探讨如何从零开始构建跨境电子商务自建站的方方面面,这不仅是一项技术任务,也是一次全新商业模式的探索。从网站策划和设计、技术平台的选择、内容创作和优化,到营销推广和用户体验的优化。无论你是初次涉足跨境电子商务,还是希望提升已有网站的效果,本书都将为你提供实用的指导,帮助你在跨境电子商务的海洋中顺利航行、取得成功。愿你的跨境电子商务之旅充满成就与希望!

目　录

1 Shopify 简介

1.1 跨境电子商务

跨境电子商务(Cross-border e-commerce)是指在全球范围内进行的电子商务活动,即通过互联网实现跨越国界的商品交易和为商品交易提供的服务。它允许消费者在不同国家和地区进行在线购物,并使商家能够将产品推销到全球市场。

跨境电子商务的发展得益于互联网的普及和全球物流系统的改善。通过跨境电子商务,消费者可以从其他国家和地区购买各种产品,包括服装、电子产品、家居用品、美妆产品等。同时,商家也能够将产品推向全球市场,扩大销售渠道,获得更多的客户和利润。

跨境电子商务的实施需要解决一些挑战,包括支付方式、关税等税收、海关清关、物流配送等。各国政府和相关机构在改进跨境电子商务合作方面采取了一系列措施,以简化贸易流程,降低交易成本,并确保交易的安全性和合规性。

一些跨境电子商务平台如亚马逊(Amazon)、阿里巴巴(Alibaba)、易趣(eBay)等连接了全球的买家和卖家,提供了便捷的跨境交易服务。同时,一些第三方支付平台如 PayPal、Stripe 等也为跨境交易提供了安全和便捷的支付方案。

跨境电子商务对促进国际贸易和地区经济发展具有重要作用。它打破了传统贸易的地域限制,扩大了市场规模,为企业带来更多的商机。同时,消费者也受益于行业竞争带来的更多选择,能够以更低的价格购买到来自全球的产品。

总的来说,跨境电子商务已经成为全球贸易中不可忽视的一部分,它在促进国际贸易、推动经济增长和提升消费者福利等方面发挥着重要作用。随着科学技术的提高和全球化的进一步发展,跨境电子商务有望继续蓬勃发展。

1.2　什么是 Shopify

Shopify 是加拿大一个的电子商务平台,发布于 2006 年。它提供了一个完整的在线商店解决方案,使商家能够创建和经营自己的电子商务网站、在线商店和移动应用程序。

Shopify 的主要目标是帮助创业者和小型企业建立在线商店和管理他们的在线业务,无论是销售产品还是提供服务。它提供了一系列易于使用的工具和功能,包括网站建设、产品管理、订单处理、支付集成、物流配送、市场营销等。

使用 Shopify,商家可以选择一个合适的模板来创建自己的在线商店,并定制内容和模式以使其符合自己品牌形象和需求。商家可以上传产品信息、填写价格和库存情况、管理订单和客户信息等。此外,Shopify 还提供了安全的支付方案,允许商家接受各种支付方式,如信用卡、PayPal 等。

Shopify 还与许多第三方服务集成,以扩展其功能和增加市场推广渠道。例如,商家可以通过 Shopify App Store 安装各种应用程序和插件,以增加社交媒体整合、电子邮件营销、SEO、数据分析等功能。

总的来说,Shopify 为创业者和小型企业提供了一个简便的方式来建立和运营自己的在线商店。它的可操作性、灵活性和丰富的功能使得许多商家选择使用 Shopify 来拓展他们的业务,在全球范围内开展电子商务活动。

1.3　Shopify 的优点和缺点

1.3.1　优点

易于使用:Shopify 提供了对用户友好的界面和工具,使创建和管理网店变得简单。用户即使没有编程或设计经验,也可以轻松地设计自己的在线商店。

功能全面:Shopify 提供了广泛的功能,包括产品管理、订单处理、支付集成、物流配送、市场营销等。它还有一个庞大的应用商店,商家可以根据自己的需求添加额外的功能。

安全性和稳定性:作为一个主机解决方案,Shopify 负责处理服务器和安全方面的问题。商家可以让他们的网店在安全和稳定的环境下运行,而无须担心维护和更新服务器。

手机友好:Shopify 提供了移动应用程序,使得商家可以随时随地监控和管理他们的在线商店,可以方便地处理订单、回答客户问题等。

24/7 技术支持:Shopify 提供了全天候的客户支持,商家可以随时寻求帮助和解决问题。他们提供在线文档、社区论坛和直接支持渠道,以确保用户的问题得到及时解决。

1.3.2 缺点

成本:使用 Shopify 平台需要支付每月订阅费用,以及交易费用(如果使用 Shopify 支付)。对于初创企业或销售额较低的商家来说,这可能会增加运营成本。

自定义限制:尽管 Shopify 提供了一些自定义选项,但相比自行托管的解决方案,它的自定义和灵活性有所受限。对于一些特殊的设计需求或功能定制,可能需要更高级的开发支持或额外的开发工作。

依赖于应用程序:虽然 Shopify 的应用商店提供了许多有用的应用程序,但一些高级功能可能需要安装和配置多个应用程序来实现,这可能增强了管理和维护的复杂性。

数据控制:由于 Shopify 是一个托管解决方案,商家的数据存储在 Shopify 的服务器上,这意味着商家无法完全控制他们的数据,并且数据的备份和安全性依赖于 Shopify 的措施。

需要注意的是,这些优点和缺点对于不同的业务需求可能有所不同。商家在选择使用 Shopify 之前应该考虑自己的需求、预算和技术能力。如果商家需要更高级的自定义和灵活性服务,并且具备技术资源和能力,他们可能会考虑使用其他自助式或自建的电子商务平台。

总体而言,Shopify 作为一个全功能的电子商务平台,为许多创业者和小型企业提供了简便的建立和管理在线商店的途径。然而,商家在选择使用 Shopify 之前应该仔细评估其优点和缺点,以确保其符合自己长期的业务需求。

1.4 Shopify 的基本功能和特点

Shopify 提供了一系列基本功能,以帮助商家建立和管理他们的在线商店。下面从商店建设、产品管理、订单处理、支付集成、物流配送、市场营销、数据分析等七个方面进行简单介绍。

商店建设:商家可以选择各种现成的模板和主题,用于创建他们的网店。这些模板具有专业的设计和响应式布局,可以在不同设备上提供良好的用户体验。商家可以进行自定义设置,包括添加品牌标志、调整颜色、网页布局等。

产品管理:商家可以轻松地上传和管理他们的产品。他们可以设置产品标题、描述产品、填写价格和库存信息等,并且可以为每个产品添加多个变体,如多个尺寸、颜色等。商家还可以为产品添加图像和视频,以展示产品的外观和功能。

订单处理:Shopify 提供了一个简易的订单处理系统。商家可以跟踪和管理订单,包括接受付款、发货、生成发票、处理退款等。商家可以轻松查看订单历史记录和订单详细信息,以及与顾客进行沟通。

支付集成:Shopify 与提供各种支付方式的支付提供商合作,允许商家接受各种支付方式,如信用卡、PayPal、Stripe 等。商家可以轻松设置支付方式并确保支付流程的安全。

物流配送:商家可以设置运输选项和价格,并与物流合作伙伴集成。Shopify 提供了内置的物流工具,如实时运费计算、运输标签生成等,以便商家轻松管理订单的物流和配送。

市场营销:Shopify 提供了一些营销工具和功能,以帮助商家推广他们的产品和吸引更多的客户。商家可以使用优惠券、折扣、礼品卡等来促进销售。此外,Shopify 还支持 SEO、电子邮件营销集成等,以提高网店在搜索引擎中的曝光度进行品牌推广。

数据分析:商家可以通过 Shopify 的内置分析工具获取有关网店业绩和客户行为的数据。商家可以查看销售报告、访客统计、订单数据等,以了解自己的业务情况,并做出相应的决策和优化。

这些是 Shopify 的一些基本功能和特点,它们使商家能够轻松地建立、运营和优化自己的在线商店。同时,Shopify 还有一个庞大的应用商店,商家可以根据自己的需求添加额外的功能和工具。

2 Shopify 基础知识

我们从商店（Store）、模板（Theme）、应用商店（App Store）、产品（Product）、订单（Order）、支付网关（Payment Gateway）、物流（Shipping）、买家（Buyer）、仓库（Warehouse）、费用（Fees）、报告（Reports）等十一个板块来了解 Shopify 的基础知识。

商店（Store）：在 Shopify 上创建的一个独立的在线商店，用于展示和销售产品。

模板（Theme）：预先设计和布局的网店外观，商家可以选择某个模板并把它应用于其商店。模板决定了商店的整体样式和用户体验。

应用商店（App Store）：Shopify 的应用市场，商家可以从中选择并安装各种应用程序，以增加商店的功能和定制性。

产品（Product）：商店中出售的物品或服务。商家可以为每个产品设置价格、描述、库存等详细信息。

订单（Order）：顾客在商店中购买产品后生成的订单。商家可以跟踪、处理和管理订单，包括接受付款、发货和处理退款等。

支付网关（Payment Gateway）：商店使用的支付处理服务，允许顾客以各种支付方式支付订单金额，如信用卡、PayPal 等。

物流（Shipping）：涉及产品配送和运输的流程。商家可以设置物流选项、配送费用和运输合作伙伴等。

买家（Buyer）：在商店中购买产品的个人或实体，也称为顾客。

仓库（Warehouse）：商家存储产品的地点，可以是实际的仓库或虚拟的库存管理系统。

费用（Fees）：使用 Shopify 的费用包括订阅费、交易费、支付处理费等。商家需要了解和管理这些费用。

报告（Reports）：Shopify 提供的数据分析工具，用于监控销售、订单、访问者统计等商店的数据。

这些是 Shopify 的一些基本概念和知识，有助于理解和使用这个电子商务平台。建议商家在开始使用 Shopify 之前，对这些基础知识有所了解，并进一步探索和学习相关的功能和工具。

2.1 Shopify 的账户注册

要使用 Shopify，你需要创建一个账户并注册一个在线商店。下面我们分步骤来完成一个 Shopify 账户的注册。

第一步：访问 Shopify 网站。你可以在网上访问 Shopify 官方网站（*www. shopify.com*）。

第二步：注册账户。在 Shopify 首页上，你将找到一个"Get Started"（开始）按钮。点击它，然后填写必要的信息来注册一个新的 Shopify 账户。你需要填写你的电子邮件地址、密码和商店名称等。

第三步：提供商店名称。在注册过程中，你将需要选择或提供一个独特的商店名称。商店名称将成为你在线商店的网址的一部分（例如，*yourstore-name. myshopify.com*）。

第四步：计划选择。注册时，你将被要求选择一个符合你业务需求的计划。Shopify 提供了不同的计划，包括基本计划、Shopify 计划和高级计划，每个计划都有不同的功能和价格。

第五步：填写商店信息。完成注册后，你将需要提供商店的一些基本信息，如商店地址、所在国家和主要交易货币等。

最后一步：开始使用商店。一旦你的商店完成注册，基本信息设计好，你就可以开始使用你的 Shopify 账户和商店了。你可以访问 Shopify 的后台管理界面，管理你的商店，添加产品、处理订单等。

需要注意的是，注册一个 Shopify 账户并创建商店是免费的，但你需要选择和订阅一个付费计划才能发布和运营你的商店。在注册时，你可以选择一个和你的需求和预算匹配的计划，或者你也可以选择试用 Shopify 的免费试用计划来了解其功能和特点。

通过注册一个 Shopify 账户，你将能够开始构建和管理你的在线商店，并利用 Shopify 的功能来扩展你的电子商务业务。

2.2 Shopify 的管理面板

Shopify 的管理面板是你在使用 Shopify 时的主要工作区域，它提供了许多工具和功能,帮助你管理和运营你的在线商店。以下是关于 Shopify 管理面板的一些主要栏目。

登录(Login):你可以通过访问 Shopify 网站并使用你的注册邮箱和密码登录你的 Shopify 账户。

仪表板(Dashboard):登录后,你将进入 Shopify 的仪表板,这是你管理商店的主要页面。仪表板提供了关键统计数据和快捷链接,帮助你迅速了解你商店的总体情况。

导航栏:Shopify 的管理面板左侧设置了导航栏,其中包含各种主要功能和设置选项。你可以使用导航栏来访问和浏览不同的功能模块。

产品(Products):该模块允许你管理你商店中的产品信息。你可以添加、编辑、删除产品信息,设置产品的价格、库存情况、SKU 等。你还可以为每个产品添加图像、描述和其他属性。

订单(Orders):在订单模块中,你可以查看和管理你的订单。你可以查看订单详细信息、修改订单状态、处理付款和发货,以及为顾客生成发票等。

客户(Customers):你可以使用这个模块来管理你的顾客信息。你可以查看顾客列表、添加新顾客、跟踪顾客订单、查看顾客购物记录等。

分析(Analytics):Shopify 提供了内置的分析工具,帮助你了解商店的销售数据。你可以查看销售报告、访客统计、订单数据等,并根据这些数据做出决策和优化。

设置(Settings):在设置模块中,你可以配置和管理各种商店设置,如支付选项、运输设置、税务设置、插件和应用程序、商店外观等。

应用商店(App Store):Shopify 的管理面板还提供了一个连接到应用商店的链接,你可以在这里浏览和安装各种应用程序来优化你商店的功能,使其个性化。

Shopify APP 功能齐全且工具简便易操作,你可以运用这些工具轻松管理和运营你的在线商店。通过不同的模块和选项设置,你可以有效地进行商店管理。

2.3　Shopify 的主题和模板

Shopify 提供了各种主题和模板,以帮助商家快速创建自己的在线商店。下面从 Shopify 的主题和模板两个方面分别介绍。

2.3.1　Shopify 的主题

主题商店(Theme Store)：Shopify 的官方主题商店是一个在线市场，提供了各种专业设计和响应式布局的主题供商家选择。你可以选择适合你品牌风格和业务需求的主题。

免费主题：Shopify 提供了一些免费的主题供商家使用。这些主题经过精心设计和开发，适用于各种行业和品牌。

付费主题：除了免费主题外，Shopify 还提供了一些高级付费主题。这些主题通常具有更多的定制选项和高级功能。付费主题提供更强的灵活性和更优质的外观，以满足不同商家的需求。

此外，除免费主题和付费主题外，你还需要了解主题定制、响应式设计、预览和切换的实现。

主题定制：无论你选择免费主题还是付费主题，Shopify 都提供了一定程度的主题定制功能。你可以根据自己的品牌需求进行颜色、字体、布局等方面的调整。主题定制使你能够打造一个独特而专业的在线商店。

响应式设计：Shopify 的主题和模板都具有响应式设计，这意味着它们能够自适应不同屏幕大小和设备，为用户提供一致的浏览体验，无论是在桌面电脑、平板电脑还是手机上访问商店。

预览和切换：在选择和安装主题之前，你可以预览不同主题的外观和功能。你可以选定一个主题安装使用，也可以随时在后台管理界面中切换主题，并对其进行定制和调整。

2.3.2　Shopify 的模板

自定义模板：除了选择现成的主题之外，Shopify 还允许商家创建和自定义自己的模板。这需要一定的技术知识和开发经验，但它为商家提供了更高级的自定义和灵活性。

无论你是初创企业还是已经有一定规模的企业，Shopify 的主题和模板库提供了丰富的选择，以满足你的品牌需求和用户体验。通过选择适合你业务的主题，并进行定制和调整，你可以建立一个独特且专业的在线商店。

3 Shopify 网站构建

3.1 Shopify 的页面和布局

3.1.1 Shopify 的页面

在 Shopify 上,可以使用页面和布局的知识来创建和设计在线商店。以下是一些关于 Shopify 页面和布局的介绍。

首页(Homepage):首页是你商店的主要入口,也是展示你品牌和产品的关键页面。你可以使用主题编辑器或自定义页面来设计和构建一个有吸引力的首页,以吸引顾客并提供导航到其他部分的链接。

产品页面(Product Pages):产品页面是展示和描述你的产品的页面。你可以为每个产品创建独立的产品页面,并在页面上展示产品图像、标题、价格、描述、库存信息等。你还可以添加产品选项、变体和相关产品推荐等功能。

类别页面(Category Pages):类别页面帮助你组织和展示具有共同特征的产品。你可以根据产品类型或其他自定义标准创建类别页面,并在页面上列出相关产品的缩略图、名称和价格,以便顾客浏览和选择产品。

静态页面(Static Pages):静态页面是不属于产品或类别的其他页面。你可以创建"关于我们""联系我们""常见问题"等页面,用于提供关于你产品、公司或服务的信息。这些页面可以帮助你提高用户体验和增加与顾客的互动。

3.1.2 Shopify 的布局

导航菜单(Navigation Menus):导航菜单帮助顾客导航你的商店,并访问不同的页面。你可以在 Shopify 管理面板中设置和编辑导航菜单,创建主菜单和子菜单，以便顾客浏览你商店的不同页面。

布局编辑器（Layout Editor）：Shopify 的主题里通常具有内置的布局编辑器，允许你自定义页面的布局。你可以使用拖放功能、添加各种模块和部件来设计页面的结构，并调整元素的大小、位置和样式。

响应式布局（Responsive Layout）：Shopify 的页面和布局都具有响应式设计，可以适应不同大小屏幕的设备。这确保你的商店在台式电脑、平板电脑和移动设备上都能提供一致和优良的用户体验。

通过使用 Shopify 的页面和布局功能，你可以创建具有吸引力和对用户友好的商店页面，来展示和推广你的产品，并提供流畅的导航和浏览体验。你可以通过使用主题编辑器和布局编辑器来自定义和美化页面的外观和优化页面功能，以满足你的品牌需求和用户期望。

3.2　Shopify 的产品和分类

在 Shopify 上，产品和分类是构建和展示你的在线商店的关键元素。以下是一些关于 Shopify 产品和分类的介绍。

3.2.1　Shopify 的产品

产品（Products）：产品是你的在线商店的实际商品或服务。在 Shopify 上，你可以为每个产品创建独立的页面，展示产品的详细信息，如标题、产品性能、价格、图像、库存数量等。

添加产品：你可以在 Shopify 管理面板的"产品"模块中添加新产品。在添加产品时，你可以设置产品的各种属性，如价格、库存、重量、变体（如颜色、尺寸等）等。

产品图像：为了吸引顾客和提供更好的产品展示，你可以上传产品图像。Shopify 支持上传多个图像，并为每个产品创建图像库。

产品描述：你可以使用文本编辑器为每个产品提供详细的描述。这样，你可以向顾客展示产品的特点、功能和优势。

3.2.2　Shopify 的分类

类别（Collections）：类别是一种组织和分类产品的方式，帮助顾客更轻松地浏览和选择产品。你可以根据不同的标准创建类别，如产品类型、季节等。

创建类别：在 Shopify 管理面板的"类别"模块中，你可以创建新的类别。你可以设置类别的名称、描述和其他属性，并将相关的产品添加到类别中。

类别页面：每个类别都可以有一个独立的类别页面，其中包含了属于该类别的产品。顾客可以通过导航菜单或搜索来访问类别页面，并在页面上浏览和筛选产品。

类别排序：你可以根据需要对类别进行排序，以控制它们在商店中的显示顺序。这样，你可以将热门或特别推荐的类别放在更突出的位置。

通过使用产品和分类功能，你可以有效地组织和展示你的产品，使顾客能够轻松浏览、筛选和购买你的商品。你可以利用类别来帮助顾客快速找到感兴趣的产品，并在产品页面提供详细的信息和图像来促进销售。

3.3 Shopify 的收款和结算

在 Shopify 上，你可以使用各种支付方式进行收款，并通过不同的结算选项来处理订单支付和资金结算。以下是关于 Shopify 收款和结算的介绍。

3.3.1 Shopify 的收款

支付提供商（Payment Providers）：Shopify 集成了多个支付提供商，如 Stripe、PayPal、Shopify Payments 等。你可以选择适合你商店的支付提供商，并将其配置为接受信用卡、借记卡和其他支付方式付款。

Shopify Payments：如果你位于支持这种方式的国家或地区，你可以选择使用 Shopify Payments 作为你的支付提供商。Shopify Payments 提供了方便的设置和管理选项，使你可以直接在 Shopify 管理面板中处理支付事务。

第三方支付：如果你选择使用第三方支付提供商，如 Stripe 或 PayPal，你需要设置相应的支付帐户，并将其与你的 Shopify 商店关联。这通常涉及设置 API 密钥或其他身份验证凭据。

3.3.2 Shopify 的结算

结算周期（Payout Schedule）：根据你的支付提供商和你所在的地区，可能会有不同的结算周期。结算周期是指资金从顾客付款到达你商店账户的时间间隔。通常，这些资金在一定时间后会自动结算到你的银行账户。

订单处理和资金结算：当顾客下单并支付成功时，资金会暂存在你的支付提供商账户中。Shopify 根据你的结算设置和结算周期，将这些资金结算到你的银行账户。你可以在 Shopify 管理面板中查看订单的支付状态和结算历史。

退款和退款处理：如果你需要为顾客提供退款，你可以使用 Shopify 管理面板进行退款处理。退款金额将从你的商店账户中扣除，并根据支付提供商的退款政策退回给顾客。

请注意，具体的收款和结算选项可能因你所在的国家/地区、商业类型和支付提供商的支持而有所不同。建议你在设置 Shopify 商店时仔细了解和选择适合你业务需求的支付提供商，并配置正确的结算选项。

4 Shopify 主题定制

在 Shopify 上,你可以通过主题定制来配置和调整你的在线商店的外观和功能。以下是关于 Shopify 主题定制的相关介绍。

主题编辑器(Theme Editor):Shopify 提供了内置的主题编辑器,可让你进行基本的主题定制。通过主题编辑器,你可以自定义颜色、字体、背景图像等样式,以及调整页面布局和模块的位置。

HTML/CSS 编辑:如果你具有前端开发经验,你可以进一步定制主题,通过编辑 HTML 和 CSS 代码来实现更高级的定制需求。你可以访问主题文件,对模板文件和样式表进行修改,以实现更具个性化的外观和功能。

主题设置:主题通常会提供一些设置选项,允许你自定义特定功能和布局。这些设置可能包括导航菜单、横幅、页脚、商品展示等。通过浏览主题设置页面,你可以对这些选项进行调整,并根据你的品牌需求进行个性化配置。

主题应用程序(Theme Apps):Shopify 的应用商店提供了许多主题应用程序,可扩展你主题的功能和定制选项。这些应用程序可以帮助你添加功能块、增强用户体验、集成社交媒体等。你可以选择满足你需求的应用程序,并将其集成到你的主题中。

图像和媒体:主题定制也涉及处理图像和媒体元素。你可以调整和优化产品图像、横幅图像、品牌标志等,以确保它们在网页上以最佳方式显示。

移动优化:在进行主题定制时,务必考虑移动设备的优化。Shopify 的主题通常具有响应式设计,但你还可以进一步优化页面布局,以确保其在移动设备上提供出色的用户体验。

预览和测试:在进行主题定制之前,建议使用预览功能进行测试。预览可以让你查看定制的效果,并在应用到在线商店之前进行调整和修改。

请注意,主题定制可能需要一些前端开发知识和技能。如果你不熟悉编码和主题编辑,你可以考虑雇用 Shopify 专业设计师或开发者,以获得更深入的主题定制和支持。同时,确保备份你的主题文件和设置,以防在定制过程中出现意外情况。

4.1 Shopify 的主题编辑器

Shopify 的主题编辑器是一个内置的工具,它允许你进行基本的主题定制,包括样式、布局和内容的调整。以下是关于 Shopify 主题编辑器的介绍。

访问主题编辑器:你可以在 Shopify 管理面板中访问主题编辑器。点击进入"在线商店"下的"主题",然后点击"定制"按钮即可打开主题编辑器。

预览和实时编辑:主题编辑器提供了实时预览功能,允许你在编辑过程中即时查看更改的效果。你可以在编辑器中对网站的各个部分进行调整,并立即看到结果。

主题设置:主题编辑器通常包含一个"主题设置"选项,其中包含了一些预定义的设置和选项,以调整整体风格和布局。这些设置可包括颜色、字体、背景图像、导航菜单等。

自定义样式:通过主题编辑器,你可以自定义网站的样式。这可能涉及更改字体样式和大小、按钮样式、链接样式等。你可以直接在编辑器中选择和修改样式。

页面布局:主题编辑器允许你调整页面的布局和模块的位置。你可以通过拖放功能来重新排列页面中的不同部分,并调整它们的大小和顺序。这样,你可以创建一个符合你需求的独特布局。

主页节(Sections):许多主题在主题编辑器中使用"节"的概念。节是页面的独立块,包含特定的内容和功能。通过编辑器,你可以自定义和配置这些节的内容和样式。

预定义模板:主题编辑器通常提供一些预定义模板,你可以选择并应用于不同的页面。这些模板可以加快你的设计过程,同时确保整体一致性。

手机和平板优化:主题编辑器通常具有响应式设计功能,可确保你的网站在不同设备上的优化显示。你可以在编辑器中预览和调整移动设备上的布局和样式。

请注意,主题编辑器提供的定制选项可能因不同的主题而有所不同。某些主题可能提供更高级的编辑功能,例如自定义代码编辑或自定义模板文件。如果你需要更深入的主题定制,你可能需要考虑使用自定义代码或雇用专业开发人员来进行定制工作。

4.2　Shopify 的主题选项和设置

Shopify 提供了丰富的主题选项和设置，以帮助你个性化配置你的在线商店。以下是一些常见的主题选项和设置。

首页布局：你可以选择不同的首页布局，例如全宽度布局、侧边栏布局、网格布局等。这些选项允许你自定义首页的整体结构和样式。

导航菜单：你可以创建多级导航菜单，并自定义其样式和布局。这包括主导航菜单、底部导航菜单和移动设备导航菜单。

色彩和字体：Shopify 主题允许你自定义颜色方案和字体样式。你可以选择预定义的颜色主题或自定义你自己的颜色，以及选择适合你品牌的字体。

图片和横幅：你可以上传自定义的横幅图像和其他页面图像，以呈现专业和有吸引力的外观。主题设置通常提供了相应的选项和调整功能。

商品展示：主题选项和设置允许你自定义商品展示的样式和布局。你可以选择网格视图或列表视图，设置商品的列数、每页显示的数量等。

页面模板：Shopify 主题通常包含多个页面模板，例如产品页面、博客页面、"关于我们"页面等。你可以通过主题设置选择和配置不同的页面模板，以满足你的需求。

页脚和社交媒体：你可以在主题设置中自定义页脚的内容和样式。这包括页脚链接、版权信息、社交媒体图标等。

语言和货币：Shopify 支持多语言和多货币设置。你可以在主题设置中选择所需的语言和货币选项，以满足你的贸易国际化需求。

SEO 设置：主题选项通常提供一些基本的 SEO 设置，例如自定义页面标题、描述和关键字。这有助于提升你的商店在搜索引擎中的可见性。

请注意，不同的 Shopify 主题可能具有不同的选项和设置。具体的选项和设置可能因所选主题而异。当你选择和应用特定主题时，请查看主题文档和设置页面，以了解可用的定制选项和设置功能。

4.3　Shopify 的主题自定义和代码修改

在 Shopify 上，你可以通过主题自定义和代码修改来实现更高级的主题定制。以下是一些关于自定义和代码修改的方法。

主题自定义选项:Shopify 的主题通常提供了内置的自定义选项,可以通过主题编辑器进行调整。你可以使用这些选项来自定义颜色、字体、布局、样式等。运用主题设置和编辑器中的选项,你可以进行基本的外观和布局调整。

主题应用程序(Theme Apps):Shopify 的应用商店提供了许多主题应用程序,可以扩展主题的功能和定制选项。这些应用程序可以添加特定的功能块、社交媒体集成、商品评价等。通过安装和配置符合你需求的应用程序,你可以进一步扩展和定制你的主题。

自定义代码编辑:如果你具备前端开发经验或愿意雇用开发人员,你可以直接编辑主题的代码。通过访问主题文件,你可以修改 HTML、CSS 和 JavaScript 代码,以实现更高级的定制需求。这允许你对页面结构、功能和样式进行更深入的修改。

主题模板文件:Shopify 的主题使用模板文件来控制不同页面的结构和布局。通过编辑这些模板文件,你可以调整页面的内容和样式。例如,你可以自定义产品页面、博客页面、购物车页面等。

自定义主题段(Custom Theme Sections):Shopify 的主题通常使用主题段来控制页面的各个部分。通过编辑主题段的代码,你可以调整和添加新的内容块,并自定义它们的样式和功能。这允许你创建个性化的页面布局和结构。

Liquid 模板语言:Shopify 使用 Liquid 模板语言来处理主题的动态内容。如果你熟悉 Liquid 语法,你可以在主题文件中使用 Liquid 标签和对象来实现更高级的功能和数据处理。

请注意,进行自定义和代码修改可能需要一定的前端开发知识和经验。如果你不熟悉编码或不愿意进行代码编辑,你可以考虑雇用 Shopify 专业设计师或开发人员来帮助你实现更高级的定制需求。同时,在进行任何代码修改之前,务必备份你的主题文件和设置,以防止意外情况发生。

5 Shopify 插件和应用

在 Shopify 上，你可以通过插件和应用来扩展和增强你的在线商店的功能。以下是关于 Shopify 插件和应用的一些介绍。

Shopify 应用商店：Shopify 应用商店是一个市场，提供了各种插件和应用，可满足不同的业务需求。这些应用可以帮助你增加营销功能、改善用户体验、集成第三方服务等。

插件和应用类型：Shopify 应用商店提供了各种类型的插件和应用，包括营销工具、社交媒体集成、订单管理、物流和运输、客户支持、报告和分析等。你可以根据你的具体需求浏览并选择适合你的插件和应用。

安装和配置：安装插件和应用非常简单。你只需在 Shopify 应用商店中找到所需的插件或应用，并按照相应的说明进行安装。安装后，你可以通过插件或应用的设置页面进行个性化配置，以适应你的商店需求。

自定义插件和应用：如果你无法找到适合你需求的现成插件或应用，你还可以考虑定制开发。Shopify 提供了 API 和开发文档，允许开发人员创建自定义插件和应用，以满足特定的需求。

插件和应用的费用：Shopify 的插件和应用可以是免费的，也可以是收费的。有些插件和应用提供免费的基本功能，但对于更高级的功能和服务，可能需要付费订阅或按使用量付费。请注意，每个插件和应用的费用结构可能有所不同。

插件和应用的评价和评论：在选择插件和应用之前，你可以查看用户的评价和评论。这些评价和评论可以帮助你了解插件和应用的性能、可靠性和用户体验，从而更好地做出选择。

请注意，在安装与使用插件和应用之前，建议仔细阅读相关的文档和说明，确保插件和应用与你的商店和需求兼容，并遵循最佳实践来确保你的商店的安全性和性能。

5.1　Shopify 的应用商店和插件

Shopify 的应用商店是一个在线市场，提供了各种插件和应用，用于增强和扩展你的 Shopify 在线商店的功能。以下是关于 Shopify 应用商店和插件的介绍。

应用种类：Shopify 应用商店提供了各种类型的应用，包括营销工具、社交媒体集成、订单管理、物流和运输、客户支持、报告和分析等。无论你是想增加销售量、提升用户体验还是简化后台管理，都可以在应用商店中找到相应的应用。

免费应用和付费应用：Shopify 应用商店中有很多免费的应用供你选择，可以直接安装并使用。此外，还有一些付费应用，它们通常提供更高级的功能和服务。付费应用的费用可能是一次性费用、月度订阅费或基于使用量的付费模式下的费用。

用户评价和评论：每个应用都有自己的页面，在页面上你可以查看用户对应用的评价和评论。这些评价和评论可以帮助你了解应用的质量、性能和用户体验。在选择应用时，可以参考其他用户的反馈意见，以便做出明智的决策。

开发者支持和文档：Shopify 应用商店中的每个应用都由开发者或开发团队开发和维护。这些开发者通常提供相关的文档、教程和支持渠道，以帮助你安装、配置和使用应用。如果你遇到任何问题，可以通过开发者提供的支持渠道寻求帮助。

自定义开发和 API：如果你需要一些定制化的功能，或者在应用商店中找不到符合需求的应用，你可以考虑通过 Shopify 的 API 进行自定义开发。Shopify 的 API 提供了访问和操作商店数据的接口，你可以自行开发定制应用或雇用开发人员进行开发。

Shopify 的搭配推荐：在 Shopify 应用商店中，你还可以找到一些 Shopify 推荐的应用，它们经过 Shopify 审核并推荐给商店所有者。这些应用在性能、安全性方面经过严格的筛选，可以提供稳定可靠的解决方案。

在选择和安装应用之前，建议你先评估自己的商店需求，并查看应用的功能、特点和费用。确保应用与你的商店兼容，并在安装之前仔细阅读应用的文档和说明。这样，你可以选择最适合你需求的应用，并确保它们能够为你的商店带来真正的价值和效益。

在 Shopify 应用商店中，你可以使用搜索功能来查找特定类型的应用，也可以浏览不同的应用类别和热门推荐。在应用页面上，你可以阅读应用的描述、功能列表和用户评价，以了解它们的特点和性能，还可以查看应用的截图和演示视频，以更好地了解其界面和使用方式。

安装应用很简单，你只需点击"Get"或"Install"按钮，然后根据提示进行安装和配置。一旦安装完成，应用通常会在你的 Shopify 管理后台中创建一个新的菜单或功能选项，你可以在那里进行进一步的设置和使用。

需要注意的是，尽管应用可以为你的商店带来更多的功能和更强的灵活性，但安装过多的应用可能会影响网站加载速度和性能。因此，在安装新应用之前，建议评估其对网站性能的潜在影响，并选择那些真正对你的业务有帮助的应用。

另外，Shopify 应用商店还提供一些免费试用的应用，这使你有机会在购买之前试用和评估应用的功能和适用性。利用这些试用应用，你可以更好地了解应用的特点和与你商店的兼容性，以便做出明智的决策。

无论你选择免费应用还是付费应用，都要确保定期检查和评估它们的性能和效果。如果一个应用不再符合你的需求或无法提供你所需的功能，你可以随时卸载或更换应用，以保持商店的最佳状态。

5.2　Shopify 的应用安装和配置

安装和配置 Shopify 应用是一个相对简单的过程。以下是一般的步骤。

第一步：登录到你的 Shopify 管理后台。在浏览器中打开 Shopify 网址（*www.shopify.com*），然后使用你的管理员账户登录。

第二步：访问应用商店。在左侧导航栏中，点击"应用"（Apps）选项，然后选择"Shopify 应用商店"（Shopify App Store）。

第三步：浏览和搜索应用。你可以通过浏览不同的应用类别、热门推荐或使用搜索功能来查找适合你需求的应用。

第四步：选择应用并查看详情。点击你感兴趣的应用，然后阅读其详细描述、功能列表、用户评价和定价信息。仔细阅读应用的功能和要求，以确保它与你的商店兼容。

第五步：安装应用。如果你决定安装该应用，请点击"获取"（Get）或"安装"(Install)按钮。系统会提示你确认安装,点击"确认"(Confirm)继续。

第六步:配置应用。安装完成后,你将被重定向到应用的配置页面。根据应用的要求和提供的指南,进行相应的配置。这可能包括输入 API 密钥、设置功能选项、自定义样式等。

第七步:保存设置并启用应用。在配置完成后,确保点击适当的按钮(如"保存""应用"等)以保存你的设置。某些应用可能还需要你启用它们才能正常工作。

最后一步:完成安装。一旦你完成了应用的配置和启用,你可以返回到 Shopify 管理后台的主页或其他相关页面。

需要注意的是,每个应用的安装和配置过程可能有所不同。一些应用可能需要额外的步骤或特定的设置。确保在安装和配置过程中仔细阅读应用提供的说明和文档,并按照它们的指示进行操作。

在安装和配置应用之前,建议你先备份你的商店数据和设置,以防止出现任何意外情况。这样,如果出现问题,你可以恢复到之前的状态。

另外,你还可以在 Shopify 应用商店中查看应用的支持文档、常见问题和联系方式。如果你在安装或配置过程中遇到问题,可以查阅这些资源或直接与应用开发者联系,寻求帮助和支持。

5.3 Shopify 的应用使用和管理

使用和管理 Shopify 应用是一个关键的步骤,用以确保应用能够为你的在线商店带来最大的效益。以下是一些关于使用和管理 Shopify 应用的指南。

熟悉应用功能:在开始使用应用之前,确保你充分了解应用的功能和特点。仔细阅读应用的文档、说明和帮助文档,以便了解如何最大限度地利用应用的功能。

设置和配置应用:每个应用都有其自己的设置和配置选项。在 Shopify 管理后台中,找到已安装的应用,并访问其设置页面。根据应用的要求和你的商店需求,进行适当的配置。这可能涉及输入 API 密钥、选择功能选项、设置样式等。

学习资源和支持:Shopify 应用商店中的每个应用通常都提供相关的文档、帮助文档和支持渠道。你需要花时间熟悉这些资源,并学习如何正确使用应用。如果你遇到问题或需要帮助，可以参考这些资源或联系应用开发者寻求支持。

监控应用性能：定期监控应用的性能和效果。观察应用是否正常工作，功能是否按预期运行，以及是否有任何错误或异常。如果发现问题，及时与应用开发者联系，并寻求解决方案。

更新和升级应用：应用开发者通常会定期发布更新和改进。确保你及时更新已安装的应用，以获取最新的功能和修复漏洞。同时，注意应用是否需要付费升级或续订许可证，以保持应用的正常运行。

应用权限管理：一些应用可能需要访问你商店的特定数据或功能。在安装应用时，你可以选择授予应用相应的权限。审查并仔细选择授权的权限，以确保应用只能访问必要的数据和功能。

删除不需要的应用：如果你不再需要某个应用或希望更换其他应用，可以随时删除已安装的应用。在 Shopify 管理后台中，找到已安装的应用，然后选择删除或卸载应用。删除应用后，与该应用相关的功能将不再可用。

用户评价和反馈：在使用应用的过程中，你可以考虑为该应用提供评价和反馈。这有助于其他商店所有者了解应用的质量和性能，并帮助应用开发者改进和提供更好的产品。

通过合理地使用和管理应用，你可以充分发挥 Shopify 应用的潜力，并为你的在线商店带来更多的功能增强用户体验。以下是使用和管理 Shopify 应用指南基础上的一些注意事项。

整合应用：有时，你可能需要使用多个应用来满足不同的需求，确保这些应用能够良好地整合在一起，以避免冲突或功能重叠。在选择应用时，查看应用是否支持与其他常用应用的集成，例如与支付网关、邮件营销工具等的集成。

性能和安全性考虑：在使用应用时，特别是在安装来自第三方开发者的应用时，要确保应用具有良好的性能和安全性。查看应用的用户评价和开发者的信誉，确保应用经过严格的测试和验证。此外，定期检查商店的性能和安全性，以确保应用不会对商店的性能或安全性造成负面影响。

应用费用管理：某些应用可能需要付费使用或按订阅模式收费。在安装应用之前，仔细查看应用的定价模式和费用结构，并确保它们符合你的预算。同时，定期审查已安装应用的费用，并确保它们仍然为你的商店带来足够的价值。

反馈和建议：如果你在使用应用时遇到问题、有建议或需要特定的定制功能，不要犹豫，立即与应用开发者取得联系。许多应用开发者乐意听取用户的反馈，并根据用户需求进行改进和升级。通过与开发者的沟通，你可能能够获得更好的支持和定制化解决方案。

最重要的是，确保选择和使用应用与你的商店目标和需求保持一致。不要过度依赖应用，而忽略了其他关键方面，如产品质量、用户体验和营销策略。应用只是工具，它们应该是你成功经营在线商店的一部分，而不是唯一的关键因素。

6　Shopify SEO 和营销

在 Shopify 上进行 SEO(搜索引擎优化)和营销是提高你的在线商店在搜索引擎结果中排名并吸引潜在客户的重要策略。下面是一些关于 Shopify SEO 和营销的内容介绍。

关键词优化:研究并选择与你的产品或服务相关的关键词,然后将这些关键词整合到你的网站内容中。在标题、描述、产品描述、URL 和标签等位置使用关键词,以帮助搜索引擎了解你的网站内容,并提高在相关搜索中的排名。

优化网站结构:确保你的 Shopify 网站有良好的结构和导航。创建清晰的网站目录结构,使用易于理解的 URL,并提供对用户友好的导航菜单,以便访客能够轻松浏览和找到所需的信息。

搜索引擎广告:考虑使用搜索引擎广告平台,如 Google Ads,通过在相关搜索结果中展示广告,增加网站的曝光度和点击率。通过精确选择关键词、编写有吸引力的广告文本,并设置适当的投放预算和定位选项,你可以提高你的广告效果和转化率。

搜索引擎优化工具和应用:在 Shopify 应用商店中,有许多 SEO 工具和应用可供选择。这些工具可以帮助你更好地管理和优化你的 SEO 策略,包括关键词研究、网站分析、排名监测等。选择适合你需求的工具,并根据其提供的指导优化你的网站。

搜索引擎分析:使用工具如 Google Analytics 来跟踪你的网站流量、关键词排名、转化率和用户行为等数据。通过分析这些数据,你可以了解你营销策略的效果,并根据结果进行优化和调整。

内容营销:创建有价值和有吸引力的内容,如博客文章、指南、教程、产品评测等。通过提供有用的信息和解决方案,吸引潜在客户并建立你的专业声誉。同时,优化这些内容中的关键词,以增加在搜索引擎中的曝光度。

用户生成内容:鼓励用户生成内容,如产品评价、图片分享、社交媒体标签等。这不仅可以增加用户参与度,还可以为你的商店提供真实的社交证明,并为搜索引擎提供更多有关你的产品的信息。

社交媒体广告:利用社交媒体平台的广告功能,如 Facebook 广告、Instagram 广告等,将你的产品和品牌展示给特定的受众。根据你的目标受众和营销策略,选择适合的社交媒体平台,并通过定向广告投放来吸引潜在客户。

社交媒体整合:将你的 Shopify 商店与社交媒体平台整合,如 Facebook、Instagram、Twitter 等。通过定期发布有关你的产品、促销活动和有趣的内容,扩大你的品牌知名度,并吸引潜在客户访问你的商店。

参与社区和联系合作伙伴:参与与你的行业相关的社区、论坛和博客,并与相关的合作伙伴建立联系。这可以帮助你增加品牌曝光度、建立专业声誉,并获取来自其他网站的有价值的外部链接。

移动友好体验:确保你的 Shopify 网站在移动设备上有良好的用户体验。使用响应式设计,使你的网站适应不同的屏幕大小和设备类型。此外,优化页面加载速度和移动导航,以提供更好的移动浏览体验。

使用优惠券和促销活动:利用 Shopify 提供的优惠券和促销活动功能,吸引客户并促进销售。通过打折、免费送货、买一送一等优惠方式,吸引新客户,并促使现有客户进行重复购买。

营销邮件:建立一个订阅邮件列表,向订阅者定期发送营销邮件。通过提供独家优惠、新产品推荐、内容更新等方式,与潜在客户保持联系,并促进转化和重复购买。

分析竞争对手:研究你的竞争对手的 SEO 策略和营销活动。了解他们的关键词选择、网站结构和推广方式,以获取灵感和洞察力,并找到你的差异化竞争优势。

定期更新和维护:定期更新你的网站内容、产品信息和促销活动。使你的商店内容保持新鲜和有吸引力,以吸引搜索引擎的爬虫和用户的关注。

综上所述,通过有效的 SEO 和营销策略,你可以增加你的 Shopify 商店的可见性、吸引更多的潜在客户,并提高销售转化率。定期监测和优化你的营销活动,并与你的目标受众保持互动,是实现成功的关键。根据你的业务需求和目标受众的特点,你可以进一步探索和使用其他营销方法和工具,如影响者营销、内容合作、客户评论和推荐、社交媒体竞赛等。记住,持续学习和适应市场变化是保持竞争力的重要因素。

此外,为了优化你的 Shopify 商店的 SEO,你还可以考虑以下内容。

优化网页标题和描述:确保每个页面都有唯一、相关且吸引人的标题和描述标签。使用关键词和吸引人的语言,以吸引搜索引擎用户点击你的链接。

创建有效的页面 URL:使用简洁、描述性的 URL,包含相关的关键词,以便搜索引擎和用户能够理解页面内容。

图片优化:为你的产品图片添加描述性文件名和 alt 文本,以帮助搜索引擎理解图片内容。还可以优化图片大小和格式,以提高网页加载速度。

内部链接建设:在你的网站内部创建相关的链接,将不同页面之间的内容连接起来。这不仅有助于搜索引擎爬虫浏览和索引你的网站,还提升了用户导航和浏览的便利性。

用户体验优化:确保你的网站设计和布局对用户友好,易于导航和浏览。提供清晰的页面结构、易于使用的搜索功能和过滤器,以提升用户体验和满足他们的需求。

强调用户生成内容:鼓励用户为你的产品和品牌创建内容,并在你的网站上展示。这不仅可以增加用户参与度,还提供了有价值的社交证明,对于提高搜索引擎排名和吸引潜在客户非常有益。

加快网页加载速度:优化你的网站以提高页面加载速度,如压缩图像、使用缓存和最小化脚本等。网页的快速加载不仅能提高用户体验,还被搜索引擎视为一个重要的排名因素。

综上所述,通过综合运用 Shopify 提供的工具和策略,结合有效的 SEO 和营销方法,你可以提升你的 Shopify 商店的可见性、吸引力和转化率,进而实现业务增长和成功。

6.1　Shopify 的 SEO 优化和搜索引擎排名

在 Shopify 上进行 SEO 是提高你的在线商店在搜索引擎结果中排名的重要策略。下面是一些关于 Shopify 的 SEO 和搜索引擎排名的内容。

关键词研究:进行关键词研究,了解与你的产品或服务相关的常用搜索词汇。使用关键词工具(如 Google Keyword Planner、Ahrefs、SEMrush 等)来确定搜索量较高且与你的业务相关的关键词。

URL 结构:使用简洁、描述性的 URL,包含关键词。避免使用过长、含有无关信息或特殊字符的 URL。

内容优化:创建有价值、高质量且与你的目标受众相关的内容。在你的网站上发布关键词丰富的文章、产品描述、博客文章等,以吸引潜在客户。

网站速度优化：优化你的网站以提高页面加载速度。压缩图像、使用缓存和最小化脚本等技术可以加快网页加载速度。

移动友好性：确保你的网站在移动设备上具有良好的用户体验。使用响应式设计，使你的网站适应不同的屏幕尺寸和设备类型。

外部链接建设：争取来自其他高质量和相关性网站的外部链接。这些外部链接可以提高你的网站在搜索引擎中的权威性和可信度。

数据分析和优化：使用工具如 Google Analytics 来跟踪和分析你的网站数据。通过了解访问量、流量来源、用户行为等数据，你可以评估你的 SEO 策略的效果，并做出相应的优化和调整。

社交媒体分享和互动：利用社交媒体平台与你的受众进行互动，并鼓励他们分享你的产品和内容。社交媒体分享可以增加你的网站的曝光度，提高搜索引擎排名。

提供高质量的用户体验：确保你的网站具有良好的用户体验，包括快速加载的网页、易于导航和浏览的界面、清晰的产品信息等。提供优质的用户体验将有助于提高用户满意度和转化率，进而对搜索引擎排名产生积极影响。

定期更新和优化：定期更新你的网站内容和产品信息，并根据数据分析和用户反馈进行优化。持续优化和改进你的网站将使其保持活跃和具有竞争力。

外部链接建设和品牌合作：与其他网站、博主和品牌建立联系，寻求合作和外部链接机会。这有助于提高你的网站的可信度和权威性，从而提升搜索引擎排名。

本地 SEO：如果你有实体店或面向特定地理位置的目标受众，确保在你的网站中包含本地关键词和位置信息。优化你的 Google My Business 页面，并在本地目录和地方性网站上进行注册和宣传。

用户评论和评级：鼓励用户为你的产品提供评论和评级。这不仅可以增加网站的内容和用户参与度，还提供了有价值的用户生成内容，对搜索引擎排名有积极影响。

持续学习和跟踪行业趋势：保持对 SEO 和搜索引擎排名的最新趋势和算法更新的了解。参加行业研讨会、课程和社区讨论，与其他专业人士交流经验和最佳实践。

通过综合运用这些 SEO 和搜索引擎排名的策略，你可以提高你的 Shopify 商店在搜索引擎中的可见性和排名，吸引更多的有针对性的流量，并促进转化和业务增长。

6.2 **Shopify** 的营销功能和策略

Shopify 提供了多种营销功能和策略,帮助你提升品牌知名度、吸引潜在客户、促进销售和提高客户满意度。以下是一些常见的 Shopify 营销功能和策略。

优惠券和促销活动:通过 Shopify 的优惠券功能,你可以创建各种促销活动,如折扣码、买一送一、满减等。这可以吸引潜在客户、提高销售量并增加客户回购率。

电子邮件营销:利用 Shopify 的电子邮件营销工具,你可以发送定期的电子邮件通信,包括营销活动、新产品发布、促销信息等。通过建立邮件列表和个性化的营销策略,你可以与客户保持联系并促进转化。

社交媒体整合:将你的 Shopify 商店与社交媒体平台整合,通过社交媒体营销活动增加品牌曝光度、吸引潜在客户和增加流量。你可以在社交媒体上分享产品、发布促销信息、与用户互动等。

内容营销:通过创建有价值和相关的内容,如博客文章、指南、教程等,你可以吸引潜在客户并建立品牌信任。将内容与产品链接,提供有价值的信息和建议,以吸引潜在客户并促进转化。

SEO 优化:优化你的 Shopify 商店以提高在搜索引擎中的排名,增加有机流量。通过开展关键词研究、优化页面标题和描述、创建优质内容、建立内部链接等策略,提升你的网站在搜索结果中的可见性。

联盟营销:与其他相关的品牌或博主建立合作关系,通过联合推广、共享资源和互惠合作,扩大品牌曝光度和受众范围。

顾客评论和社交证明:鼓励客户对你的产品进行评论和评级。这将提供有价值的社交证明,帮助其他潜在客户做出购买决策,并增加顾客对你的品牌的信任度。

虚拟商品和数字产品销售:如果你销售虚拟商品或数字产品,如电子书、音乐、软件等,你可以利用 Shopify 的功能和应用进行数字产品销售和交付。

顾客回访和忠诚度计划:通过顾客回访策略和忠诚度计划,你可以与现有客户建立更深入的关系,增加他们的忠诚度并促进重复购买。你可以通过发送个性化的电子邮件、提供专属折扣、实行奖励积分制度等方式,激励客户回访并推荐你的商店给他们的朋友和家人。

营销活动和合作伙伴:组织各种营销活动,如限时特价、赠品促销、合作伙伴推广等,以吸引客户参与和购买。与相关的品牌、博主、社交媒体影响者等合作,共同推广你的产品和品牌。

留言板和在线客服:提供留言板和在线客服功能,方便客户与你的团队进行沟通和咨询。及时回复客户的问题和反馈,提供良好的客户服务体验。

营销数据分析和追踪:利用 Shopify 的分析工具和插件,对你的营销活动和策略进行跟踪和分析。了解不同营销渠道的效果、客户行为和转化率等指标,优化你的营销策略和投资。

多渠道销售和市场集成:通过 Shopify 的多渠道销售功能,将你的产品同步到各大市场平台,如亚马逊、eBay、Facebook 商店等。这扩大了你的产品曝光度和销售渠道,有助于吸引更多潜在客户。

营销分割和个性化:根据客户的行为、兴趣和购买历史,将客户分割为不同的营销群体,并发送个性化的营销信息。个性化的营销可以更好地满足客户的需求,提高转化率和客户满意度。

反复购买和自动化营销:利用 Shopify 的自动化营销工具,设置自动化的邮件序列、购物车提醒、订单跟踪等功能,鼓励客户进行反复购买并提供良好的购物体验。

通过结合这些营销功能和策略,你可以建立强大的品牌形象、吸引潜在客户、促进销售和提高客户满意度。选择适合你业务需求的功能和策略,并进行不断的优化和测试,以达到最佳的营销效果。

参与社交媒体广告:利用社交媒体广告平台,如 Facebook Ads、Instagram Ads 等,在精准的受众群体中展示你的广告。通过设置目标受众、地理位置、兴趣等参数,将你的广告呈现给潜在客户,并提高品牌知名度和产品销量。

使用推广码和推广链接:创建独特的推广码和推广链接,通过各种渠道(如社交媒体、线下活动、合作伙伴等)分享给潜在客户。当客户使用推广码或推广链接购买产品时,你可以提供折扣或奖励,同时也能追踪推广活动的效果。

内容营销和影响者合作:与相关领域的博主、社交媒体影响者合作,共同创建有价值的内容,并通过他们的影响力推广你的品牌和产品。这有助于扩大你的受众群体,增加品牌曝光度和信任度。

跟踪和分析营销活动效果:使用 Shopify 的分析工具和第三方工具,跟踪和分析你的营销活动的效果。了解不同渠道的转化率、点击率、广告花费等数据,帮助你评估营销投资的回报,并进行优化和调整。

客户推荐计划：创建客户推荐计划，鼓励现有客户将你的产品推荐给他们的朋友和家人。提供奖品、折扣或积分作为激励，以增加客户推荐的数量，并扩大你的客户群体。

个性化推荐和购物提醒：根据客户的浏览历史和购买行为，使用个性化推荐功能向客户展示相关的产品。通过发送购物提醒邮件或推送通知，提醒客户继续购买或提供相关产品的折扣。

移动营销：确保你的 Shopify 商店在移动设备上具有良好的用户体验，并优化移动搜索引擎优化（Mobile SEO）。利用移动广告平台，如移动应用广告、移动网站广告等，将你的品牌和产品展示给移动用户。

社交分享和用户生成内容：在产品页面和结账页面添加社交分享按钮，鼓励客户将他们的购买体验和产品评价分享到社交媒体上。这将增加品牌曝光度，并提供真实的用户生成内容，对其他潜在客户产生影响。

退货和售后服务：提供便捷的退货和售后服务，确保客户对购买的产品满意。通过提供退货政策、保修信息、在线客服等，建立信任并增强客户的购买意愿。

联合营销和合作活动：与其他品牌或业务相关的合作伙伴合作，共同举办联合营销活动。通过合作推广、共同开展促销活动或跨品牌合作，扩大品牌影响力并吸引更多潜在客户。

SEO 和关键词广告：优化你的 Shopify 商店，使用相关关键词来提高在搜索引擎中的排名。同时，利用关键词广告平台，如 Google Ad Words，购买关键词广告，提高品牌在搜索结果中的曝光度。

网站速度和用户体验优化：确保你的 Shopify 商店加载速度快，提供良好的用户体验。优化网站的速度、响应式设计和导航，减少页面加载时间，提高用户留存率和转化率。

社交媒体广告和定向广告：利用社交媒体广告平台，如 Facebook Ads、Instagram Ads 等，通过定向广告将你的广告呈现给特定的受众群体。根据受众的兴趣、行为和地理位置等参数，精确定位潜在客户，并提高广告的点击率和转化率。

客户调研和反馈收集：定期进行客户调研，了解客户需求、偏好和反馈。通过在线调查、客户满意度调查等方式收集数据，优化产品和服务，提高客户满意度和忠诚度。

跨渠道营销和整合：利用多个营销渠道，如电子邮件、社交媒体、内容营销、广告等，进行跨渠道的整合营销。确保在不同渠道上的营销活动和信息一致，增加品牌认知度和传播力度。

跨渠道营销和整合：利用多个营销渠道，如电子邮件、社交媒体、内容营销、广告等，进行跨渠道的整合营销。确保在不同渠道上的营销活动和信息一致，增加品牌认知度和传播力度。

定期销售和节日促销：开展定期销售和节日促销活动，如在黑色星期五、圣诞节、情人节等特定时期，提供特别折扣和优惠，吸引客户购买。这些活动常常能够带来高度的关注和销售增长。

留存营销和客户维护：关注现有客户，并通过定期的留存营销活动来维护他们的忠诚度。例如，发送感谢邮件、提供独家优惠、赠送生日礼品等，以保持客户的关注和支持。

参与行业活动和展会：参加相关行业的展会、活动和研讨会，展示你的产品和品牌。这不仅可以增加品牌曝光度，还可以与潜在客户和合作伙伴建立联系。

数据驱动的营销决策：通过分析和监测数据，了解不同营销策略的效果，并进行数据驱动的营销决策。通过跟踪关键指标，如转化率、回报率等，优化你的营销活动和预算分配。

社交媒体互动和用户参与：积极与客户在社交媒体上互动，如回复评论、提供帮助和解答问题等。鼓励用户参与，并创建有趣的社交媒体活动，如抽奖、投票等，增加用户参与度和品牌互动。

提供免费赠品和样品：通过提供免费赠品和样品，吸引客户试用你的产品，并增加他们对你品牌的信任度。这也可以激发购买欲望，并促进重复购买。

反向营销和用户生成内容：鼓励客户分享他们使用你产品的照片、视频和故事。通过建立用户生成内容的活动和竞赛，提高用户参与度，并增加品牌的曝光度。

使用微信营销工具：如果你的目标市场涉及中国市场，可以考虑利用Shopify的微信营销工具，与微信用户进行互动和销售。这可以包括在微信上开设商店、使用微信支付、发送定制化的营销信息和促销活动，以及与微信用户建立更紧密的关系。

聚焦用户体验：确保你的网店界面简洁、易于导航，并提供良好的用户体验。简化购物流程，提供多种支付选项，提供清晰的产品信息和高品质的产品图像，以提升用户体验并增加购买转化率。

持续学习和创新：营销策略和技术在不断发展，要保持竞争力，你需要持续学习和探索新的营销方法。关注行业趋势、参加培训课程和研讨会，不断创新并优化你的营销策略。

网络广告和搜索引擎营销：利用网络广告平台，如 Google Ads、Bing Ads 等，进行搜索引擎营销和广告投放。通过选择关键词和设置广告预算，将你的广告展示给潜在客户，增加品牌曝光度和网店流量。

定制化营销和个性化推荐：利用客户数据和行为分析，提供个性化的推荐和定制化的营销信息。通过了解客户的喜好、购买历史和兴趣，向他们发送定制化的产品推荐和促销信息，提高购买意愿和转化率。

网络营销合作伙伴关系：与相关的博主、社交媒体影响者、行业专家等建立合作伙伴关系。通过合作推广、撰写嘉宾博客文章、举办联合活动等方式，扩大品牌影响力和受众群体。

定期邮件营销和电子期刊：通过定期发送邮件营销和电子期刊，与客户保持联系并提供有价值的内容。这可以包括新产品推荐、行业动态、折扣优惠等，有助于保持客户的兴趣和参与度。

A/B 测试和优化：通过进行 A/B 测试，对比不同的营销策略、页面布局、广告文案等，找出最有效的方式。通过优化和改进营销活动，提高转化率和营销效果。

社交媒体促销和竞赛：利用社交媒体平台举办促销活动和竞赛，吸引用户参与并增加品牌曝光度。例如，可以要求用户在社交媒体上分享特定的内容、使用特定的标签或参与抽奖活动，以赢取奖品或享受折扣。

地理定位营销：利用地理定位技术，向附近的潜在客户展示特定的广告和促销信息。通过设置地理位置参数，确保你的广告仅在特定区域内显示，提高营销的精准度和效果。

社交媒体影响者合作：与社交媒体上具有影响力的个人或品牌合作，让他们在其社交媒体账号上推广你的产品或品牌。这可以通过提供免费样品、付费合作或交换推广等方式实现，有助于扩大品牌的影响力和受众群体。

网络研讨会和直播活动：组织网络研讨会或直播活动，提供有关你产品或行业的有价值内容。这可以吸引潜在客户参与，并提供互动交流的机会，同时提升品牌的专业形象和权威性。

售后营销和客户关怀：不仅在销售过程中，而且在客户购买后，提供优质的售后服务和客户关怀。通过发送感谢邮件、提供技术支持、提供专属优惠等方式，建立长期的客户关系并促进重复购买。

品牌故事和价值传递：通过讲述品牌故事和传递核心价值观，与客户建立情感连接。通过网站、社交媒体、博客等渠道,向客户传达品牌的使命、愿景和价值,增加客户对品牌的认同感和忠诚度。

网站优化和用户反馈:定期评估和优化你的网站,确保页面加载速度快、导航清晰、购物流程顺畅。同时,主动收集用户反馈,了解他们的体验和需求,并根据反馈进行改进和优化。

利用数据分析和人工智能:利用数据分析工具和人工智能技术,深入了解客户行为和趋势。通过分析购买模式、浏览习惯等数据,优化产品推荐、个性化营销和定价策略,提高客户满意度和购买转化率。

跨境电商和国际市场:如果你有开展跨境电商的计划,准备将你的Shopify商店扩展到国际市场,你需要了解不同国家和地区的文化、习俗和支付偏好,进行定制化的营销和市场推广,以吸引全球客户并扩大销售范围。

网络评价和口碑营销:积极管理和回应客户的网络评价,无论是正面的还是负面的。通过积极回应和解决问题,树立良好的品牌形象,并鼓励满意的客户分享他们的购买体验,提高口碑和信誉度。

社会责任和可持续发展:积极参与社会责任活动、响应可持续发展倡议,确保你的行为与你的品牌形象和价值观相一致。通过支持慈善机构、环保倡议等方式,传递你的品牌对关注社会和环境问题的承诺,吸引有社会责任感的消费者。

创造独特的品牌形象和声音:通过独特的品牌标识、品牌故事、品牌声音等,塑造独特且有吸引力的品牌形象。与目标受众建立情感连接,让你的品牌在竞争激烈的市场中脱颖而出。

客户教育和知识共享:通过博客文章、视频教程、电子书等形式,提供有价值的行业知识和教育内容。这不仅可以吸引潜在客户,还可以使你的品牌建立起作为行业专家的声誉,并增加客户对你产品的信任度。

数据安全和隐私保护:确保客户数据的安全和隐私得到保护,遵守相关的法律法规。通过采取安全措施,如加密技术、数据备份和访问权限控制,建立客户对你品牌的信任,并保护客户的个人信息。

持续改进和优化:持续监测和评估营销活动的效果,并根据数据和客户反馈进行改进。通过分析关键指标和收集用户反馈,识别潜在的问题和改进机会,优化你的营销策略和实施方式,以实现更好的业绩和用户体验。

营销自动化:利用营销自动化工具,自动化重复的营销任务和流程,提高效率和一致性。例如,设置自动化的电子邮件序列、触发特定行为的自动回复、自动化的社交媒体发布等,以节省时间和资源。

多语言营销：如果你的目标市场涉及多个国家和地区，考虑提供多语言的网站和营销内容。根据目标受众的语言偏好，提供翻译和本地化的内容，以增加与国际客户的沟通和连接。

客户分群和个性化营销：将你的客户分成不同的群体，并根据其特定需求和兴趣，提供个性化的营销内容和优惠。通过细分目标受众，并针对其特定需求和偏好进行定制化营销，提高购买转化率和客户满意度。

持续品牌建设：通过持续的品牌建设活动，加强品牌在目标市场的认知度和认可度。这可以包括品牌标识和视觉设计的一致性、品牌声音和语调的统一性、品牌故事的传播等，有助于塑造强大而有吸引力的品牌形象。

积极参与社交媒体群体：加入和参与相关的社交媒体群体和在线社区，与你的目标受众建立更紧密的联系。积极参与讨论、回答问题、提供有价值的内容，并与潜在客户和行业领导者建立关系，以增加品牌的影响力和关注度。

响应式设计和移动优化：确保你的网店具有响应式设计，能够适应不同屏幕尺寸和设备类型，提供良好的移动用户体验。优化页面加载速度、简化购物流程，并提供移动支付选项，以满足不断增长的移动购物需求。

口碑营销和用户推荐：积极营造口碑，促使用户推荐你的产品，利用用户口碑的力量来扩大品牌影响力和吸引新客户。提供出色的产品质量和服务体验，鼓励用户在社交媒体、在线评价平台等分享他们的正面经历，并提供激励措施，如奖励计划或推荐优惠，以激发用户进行口碑推荐。

社交化购物和社交分享：通过社交化购物功能和社交分享按钮，将购物体验与社交媒体整合起来。允许用户在购物过程中与朋友分享产品、收藏心爱的商品，并提供方便的社交媒体分享选项，以增加品牌的曝光和实现潜在客户的引流。

微信小程序和社交电商：利用微信小程序等社交电商平台，为用户提供更直接、便捷的购物体验。通过微信小程序，用户可以在微信内浏览商品、下单支付，还可以与好友分享购物链接和评价，以增加交易的社交互动性和用户参与度。

情感营销和品牌连接：运用情感营销策略，打造与目标客户的情感连接，使其对品牌产生共鸣和认同。通过讲述故事、传递品牌的价值观和使命，以及与用户建立真实、亲近的关系，激发用户情感共鸣，促进品牌忠诚度提升和口碑传播。

独特的营销活动和促销策略：创造独特的营销活动和促销策略，吸引用户的关注和参与。你可以通过限时优惠、买一赠一、折扣码、特别促销活动等,刺激用户的购买欲望,并在竞争激烈的市场中脱颖而出。

客户评价和社交证明:积极收集客户的评价和反馈,并在网店上展示正面的客户评价和社交证明。这可以增加新客户对品牌的信任度,加强购买决策的确定性,以及提供对产品质量和客户服务的可信度证明。

跨渠道整合营销:将不同的营销渠道整合起来,实现协同效应。例如,将线下活动与线上推广结合,通过宣传活动、促销代码等方式引导用户到线上商店购买;在电视广告或平面媒体上宣传社交媒体账号,增加粉丝和关注度;通过电子邮件营销引导用户到社交媒体平台参与互动等。整合不同渠道的营销策略,增加品牌的曝光和客户触达机会。

数据驱动的决策和优化:依靠数据分析和关键指标,进行决策并优化营销策略。收集和分析关于用户行为、购买模式、广告效果等方面的数据,了解用户需求和市场趋势,并根据数据的指导进行营销决策和优化活动,以提高效果和回报率。

合作伙伴营销:与相关行业的合作伙伴进行联合营销活动,共同吸引客户和扩大受众。可以通过合作推出联合产品、互相推荐和交叉营销等方式,互利共赢,共同拓展市场份额和影响力。

客户调研和市场洞察:定期进行客户调研和市场研究,深入了解目标客户的需求、偏好和行为。通过问卷调查、访谈、焦点小组等方式收集客户反馈和进行市场洞察,了解市场趋势和竞争动态,并根据调研结果调整营销策略和定位。

营销合伙人和代言人:与行业内的影响者、专家或知名个人合作,建立营销合作伙伴关系。邀请他们成为品牌的代言人、参与产品推广或合作创作内容,借助他们的影响力和专业知识,增加品牌的可信度和关注度。

持续学习和跟进市场趋势:保持对市场趋势和行业动态的持续学习和跟进。关注竞争对手的营销策略和创新实践,参加行业会议和研讨会,阅读专业出版物和博客等,不断更新自己的知识和技能,以适应不断变化的市场环境。

战略合作和赞助活动:与相关的品牌、组织或活动进行战略合作或赞助,以扩大品牌影响力和触达目标受众。你可以通过赞助行业展览、体育赛事或社区活动,与其他品牌进行联合营销活动,共同推广产品和服务,增加曝光度和品牌关联性。

利用用户生成内容:鼓励用户生成内容,并将其纳入营销策略中。用户生成内容包括用户照片、评论、评价、故事等,可以在社交媒体、网站上展示,这有助于增加用户参与感和互动性,同时也为品牌建立社区感和信任度。

事件营销:利用特殊事件、节日或纪念日等时机,开展相关的营销活动。例如,举办促销活动、推出特别版产品、赠送礼品等,以与用户分享喜庆时刻的方式,增加销售和用户参与度。

客户忠诚计划:建立客户忠诚计划,以回报忠实客户并促进重复购买。通过提供会员特权、积分奖励、独家优惠等方式,激励客户保持忠诚,并增加客户的品牌黏性和生命周期价值。

微信营销和社交广告:利用微信平台进行营销活动,包括微信公众号、微信支付、微信小程序等。通过微信广告投放、社群营销等方式,与用户进行互动、推广产品,并借助微信平台的庞大用户群体实现更广泛的品牌曝光。

公关和媒体关系:建立良好的公关和媒体关系,通过媒体报道、行业合作、媒体采访等方式增加品牌的曝光度和知名度。与媒体和行业相关的意见领袖、记者和编辑建立合作关系,提供有价值的内容和故事,以获得媒体报道和关注。

紧急销售和促销:在特定时期或销售季节,推出紧急销售和促销活动。例如,在黑色星期五、双十一、圣诞节等特定时期,提供限时折扣、特别优惠或限量商品,以刺激购买欲望并增加销售量。

积极参与行业展会和活动:参加行业展览、交流会议和相关活动,与行业同行和潜在客户建立联系和交流。展示你的产品和服务,与潜在客户面对面交流,获取市场反馈和业务机会,同时扩大品牌知名度和影响力。

跨界合作和品牌联名:与其他行业的品牌进行跨界合作和品牌联名,通过整合双方的品牌资源和受众群体,实现互利共赢。例如,与知名设计师合作推出限量版产品,与电影或音乐人合作进行联合营销,通过跨界合作扩大品牌影响力和吸引力。

用户教育和内容营销:提供有价值的用户教育内容,帮助用户解决问题、获取知识和技能,并与品牌建立信任关系。可以通过博客文章、视频教程、在线课程等形式,提供专业的行业知识和指导,吸引潜在客户并巩固现有客户的忠诚度。

数据安全和隐私保护:强调数据安全和用户隐私保护的重要性,以增加用户的信任和品牌声誉。确保网店和营销活动符合相关的隐私法规,采取安全措施保护用户数据,同时向用户透明公开数据收集和使用方式,建立良好的信任关系。

社会责任和可持续发展:将社会责任和可持续发展纳入营销策略,强调品牌的社会影响力和可持续性。通过参与公益活动、响应环境保护倡议或进行慈善捐赠等方式,传递品牌的价值观和对社会的贡献,吸引具有社会责任感的消费者和支持者。

微信营销和社交广告:利用微信平台进行营销活动,包括微信公众号、微信支付、微信小程序等。通过微信广告投放、社群营销等方式,与用户进行互动,推广产品,并借助微信平台的庞大用户群体实现更广泛的品牌曝光。

定向广告和个性化营销:利用定向广告技术和个性化营销策略,将广告和推广信息有针对性地传递给特定的受众群体。通过分析用户的浏览行为、购买历史、兴趣偏好等数据,实现精准投放广告,提高广告效果和转化率。

人工智能和机器学习应用:利用人工智能和机器学习技术,优化营销策略和提升用户体验。通过分析大数据、预测用户行为、个性化推荐等方式,实现智能化的营销决策和个性化的营销内容,提高用户参与度和购买意愿。

视频营销和直播推广:利用视频内容进行营销和推广,吸引用户的注意力和兴趣。可以制作产品演示视频、品牌故事视频、用户见证视频等,通过社交媒体平台、视频网站和直播平台进行发布和传播,增加品牌曝光度和用户互动。

大数据分析和市场洞察:利用大数据分析工具和技术,深入洞察用户行为和市场趋势。通过对用户数据、市场竞争情报等进行综合分析,了解用户需求和行为模式,发现潜在的市场机会和优化营销策略的方向。

移动营销和应用推广:将营销重点放在移动端,通过移动应用和移动网站进行推广和销售。确保网店和营销活动具备响应式设计,提供良好的移动用户体验,同时可以通过应用内广告、移动支付等功能增加用户参与度和便捷性。

情感营销和品牌故事:通过讲述品牌故事和传递情感化的营销信息,与用户建立情感连接和品牌认同。借助故事化的营销手法,向用户传递品牌的价值观、使命和独特性,激发用户的情感共鸣和忠诚度。

语音搜索优化和智能助手:随着语音助手和智能音箱的普及,语音搜索成为一种重要的搜索方式。优化网店和营销内容,使其适应语音搜索的需求,例如优化页面结构、关键词选择和内容呈现方式,以提高在语音搜索中的曝光度和可见性。

品牌推广活动:策划和执行品牌推广活动,以增加品牌知名度和认可度。你可以通过品牌大使的任命、线上线下活动的举办、品牌合作和赞助等方式,将品牌形象深入用户心中,塑造品牌的独特个性和价值。

数据驱动的个性化营销:利用用户数据和行为分析,实施个性化营销策略。根据用户的兴趣、偏好和购买历史,提供个性化的推荐产品、定制化的促销活动和专属优惠,提高用户的购买体验和忠诚度。

社交媒体广告和推广:利用社交媒体平台(如 Facebook、Instagram、Twitter 等)进行广告投放和推广活动。根据受众的特征和兴趣定位,精准地推送广告内容,与用户进行互动,扩大品牌影响力和用户参与度。

用户评价和口碑营销:鼓励用户对产品和服务进行评价和口碑分享。通过主动邀请用户提交评价、提供优质的客户服务和售后支持,培养用户的满意度和忠诚度,同时积极回应用户反馈,建立良好的口碑和品牌形象。

独家优惠和会员福利:为会员提供独家优惠和特殊福利,增加会员的价值感和忠诚度。例如,通过定期发送会员专属优惠码、给予新品预售权利等,激励会员继续购买并推荐给他人。

虚拟现实(VR)和增强现实(AR)体验:利用虚拟现实和增强现实技术,为用户提供沉浸式的购物和体验。通过虚拟试穿、产品展示、虚拟导览等方式,增加用户参与度和购买决策的确定性。

利用用户社区和论坛:建立用户社区和论坛,鼓励用户之间的互动和知识共享。创建在线论坛或社交群组,让用户可以交流产品使用心得、分享建议和解决问题,同时商家也可以参与其中,提供专业指导和支持,增加用户对品牌的认可度和忠诚度。

地理定位和本地化营销:利用地理定位技术和本地化营销策略,针对特定地区或目标受众进行定向推广。通过在特定地区投放广告、提供本地化的产品和服务,增加与当地用户的亲近感和共鸣,提高品牌在本地市场的影响力。

品牌体验和沉浸式营销:通过提供独特的品牌体验和沉浸式的营销活动,吸引用户的兴趣和注意力。可以组织品牌体验活动、线下展览、虚拟现实体验等,让用户亲身感受品牌的故事、文化和价值,加深对品牌的记忆和认知。

消费者洞察和市场调研:定期进行消费者洞察和市场调研,了解目标受众的需求、偏好和行为。通过问卷调查、用户反馈、数据分析等方法,获取有关用户的信息和见解,以便更好地调整营销策略和满足用户的期望。

快速响应和客户服务:建立高效的客户服务系统,及时响应用户的咨询、投诉和问题。通过多渠道的客户服务支持,例如在线聊天、社交媒体私信、电话等,提供个性化、友好和专业的客户体验,增加用户满意度和忠诚度。

数据驱动的营销优化:通过数据分析和实时监测,不断优化营销策略和活动效果。利用数据指标和关键绩效指标(KPIs)评估营销活动的表现,调整投放渠道、内容和目标受众,以实现更好的营销结果和投资回报。

这些是关于 Shopify 的继续营销功能和策略的一些示例,希望对你有所帮助!

6.3 Shopify 的社交媒体和电子邮件营销

在 Shopify 中,你可以利用社交媒体和电子邮件营销来促进产品和品牌的曝光、增加用户参与度以及提高销售转化率。以下是一些与社交媒体和电子邮件营销相关的主要功能和策略。

6.3.1 社交媒体营销

社交媒体分享按钮:在你的网店中添加社交媒体分享按钮,使用户可以方便地分享你的产品和内容到他们的社交媒体平台,从而增加品牌曝光度。

社交媒体广告:利用社交媒体广告平台(如 Facebook Ads、Instagram Ads)进行广告投放,精确定位目标受众并展示你的产品和优惠。

社交媒体整合:将你的 Shopify 网店与社交媒体平台集成,例如将 Instagram 的购物功能与你的产品关联起来,使用户可以直接在社交媒体上浏览和购买产品。

社交媒体活动:定期组织社交媒体活动,例如抽奖、优惠券分享等,吸引用户参与并分享你的品牌和产品。

6.3.2 电子邮件营销

订阅功能:在你的网店中添加电子邮件订阅功能,鼓励用户订阅你的邮件列表,以便及时获得产品更新、促销活动和新闻资讯等信息。

自动化邮件:利用 Shopify 的自动化邮件功能,根据用户的行为和交易自动发送个性化的邮件,例如欢迎邮件、购物车提醒、订单确认邮件等,增加用户参与度和转化率。

营销邮件:定期发送营销邮件,包括产品推荐、促销优惠、节假日特惠等,吸引用户浏览和购买你的产品。

客户分段:根据用户的购买行为、兴趣和偏好将用户分段,针对不同的用户群体发送定制化的邮件,提高邮件的相关性和效果。

A/B 测试:使用 A/B 测试来比较不同的邮件主题、内容和呈现方式,找到最有效的营销策略和邮件设计。

在社交媒体和电子邮件营销中,确保遵守相关的隐私和数据保护法规,并尊重用户的选择和权益。同时,监测和分析营销活动的结果,根据数据反馈不断优化和调整策略,以提高营销效果和用户体验。

7 Shopify 数据分析和优化

在 Shopify 中，数据分析和优化是关键的营销策略，可以帮助你了解你的网店的表现并做出相应的改进。以下是一些与数据分析和优化相关的关键步骤和技术。

设置和跟踪关键指标：确定关键指标（Key Performance Indicators，KPIs），例如网站流量、转化率、平均订单价值等。利用 Shopify 提供的分析工具或集成第三方分析工具，跟踪这些指标并记录数据。

数据报告和分析：利用 Shopify 提供的报告功能或使用第三方分析工具，分析关键指标的数据。观察趋势，识别问题和机会，并生成报告，以便更好地了解网店的表现。

A/B 测试：使用 A/B 测试来比较不同的变量，例如页面布局、产品描述、价格等。通过对比不同版本的测试页面，确定哪种变量设置能够更好地吸引用户和提高转化率。

用户行为分析：了解用户在你的网店中的行为，例如访问路径、停留时间、购买行为等。通过分析用户行为，可以发现用户的偏好、需求和购买决策的关键因素，从而优化网店的用户体验和销售流程。

购物车分析：分析购物车的数据，包括放弃购物车的概率和原因。了解用户为何放弃购物车以及在购物车中遇到的问题，可以采取措施改进购物车体验，减少购物车放弃率。

客户分析：了解你的客户群体，包括他们的特征、偏好和购买习惯。通过客户分析，可以制定更精准的营销策略，定向推送个性化的产品推荐和促销活动。

定期评估和优化：定期回顾和评估数据分析结果，发现问题和机会，并基于数据做出相应的优化和改进。持续监测和优化是实现持续增长和成功的关键。

除了 Shopify 提供的内置分析工具，你还可以考虑集成第三方的数据分析工具，如 Google Analytics、Kissmetrics、Mixpanel 等，以获取更全面和深入的数据分析能力。

通过数据分析和优化，你可以更好地了解你的网店的表现，优化用户体验，提高转化率和销售额。记得密切关注数据，及时调整策略和措施，以实现持续的改进。

7.1　**Shopify** 的数据报告和分析

在 Shopify 中，你可以利用内置的数据报告和分析功能来了解你的网店的表现，并做出相应的优化和决策。以下是 Shopify 提供的一些主要数据报告和分析功能。

仪表盘（Dashboard）：仪表盘是你进入 Shopify 后台管理面板时首先看到的页面，它提供了关键指标的概览，例如销售总额、访问次数、转化率等。你可以根据需要自定义仪表盘，添加你关注的指标和图表。

销售报告（Sales Reports）：销售报告提供了关于你的销售情况的详细信息，包括销售总额、订单数量、平均订单价值等。你可以按日期范围、产品、地区等维度进行销售数据的分析和比较。

流量报告（Traffic Reports）：流量报告显示了访问你网店的用户数量、来源渠道、浏览页面和停留时间等。通过分析流量报告，你可以了解哪些渠道带来了最多的访问量，优化推广策略和资源分配。

购物行为报告（Shopping Behavior Reports）：购物行为报告跟踪用户在你的网店中的行为，包括浏览产品、加入购物车、结账等。通过购物行为报告，你可以了解用户的购买路径和转化率，发现潜在的购物漏斗问题并进行优化。

支付报告（Payments Reports）：支付报告提供了有关支付方式和付款渠道的数据，例如信用卡支付、PayPal、第三方支付等。通过支付报告，你可以了解用户的支付偏好和支付渠道的表现，以便做出相应的调整和优化。

产品报告（Products Reports）：产品报告显示了关于你的产品的销售情况和表现。你可以查看最畅销的产品、库存水平、退款数量等信息，以便进行库存管理和产品调整。

除了内置的数据报告和分析功能，你还可以集成第三方的数据分析工具，例如 Google Analytics、Kissmetrics、Mixpanel 等，以获取更深入和详细的数据分析能力。

通过利用 Shopify 提供的数据报告和分析功能,你可以全面了解你的网店的表现,识别问题和机会,并基于数据做出相应的优化和决策,以实现持续的成功。

7.2　Shopify 的转化率优化和 A/B 测试

在 Shopify 中,转化率优化和 A/B 测试是提高网店销售效果的重要策略。以下是关于 Shopify 中转化率优化和 A/B 测试的一些基本知识和步骤。

7.2.1　转化率优化(Conversion Rate Optimization,CRO)

目标设定:首先,明确你的转化目标是什么,例如购买商品、订阅邮件列表或填写表单等。设定明确的目标将帮助你聚焦于关键的转化指标并进行优化。

用户行为分析:分析用户在网店中的行为,包括他们访问的页面、停留时间、购买决策过程等。通过了解用户的行为和需求,你可以识别出潜在的问题和优化机会。

优化页面布局和设计:优化网店的页面布局、设计和用户界面,以提高用户的浏览体验和购买决策。关注页面的可用性、可视化效果、呈现方式和用户交互等方面。

改进产品描述和呈现:编写引人入胜的产品描述和使用吸引人的图片和视频来展示产品的特点和优势。确保产品信息清晰、准确且有助于用户做出购买决策。

简化购买流程:简化购买流程,减少用户的步骤和填写信息的需求。移除冗余的字段和复杂的步骤,提供方便快捷的结账选项。

7.2.2　A/B 测试

设定测试目标:确定要测试的变量和目标。例如,你可以测试不同的页面布局、按钮颜色、产品价格等。

创建测试组:将你的访问者随机分为不同的测试组,每个组看到不同版本的页面或元素。

设计测试变量:在测试组中,对比不同版本的页面或元素。确保只改变一个变量，以便准确地评估每个变量对转化率的影响。

收集数据和分析结果：收集每个测试组的数据，比较转化率和其他关键指标。根据数据分析结果，确定哪个版本具有更高的转化率。

实施优胜方案：根据 A/B 测试的结果，选择表现最佳的版本作为优化方案，并在整个网店中实施。持续监测和优化，进一步提高转化率。

通过转化率优化和 A/B 测试，你可以持续改进网店的用户体验、购买决策和提高转化率。重点关注关键页面和流程，根据数据分析和用户反馈不断调整和优化，以持续提高转化率。以下是一些关于 Shopify 中转化率优化和 A/B 测试的一些补充意见。

轮播测试：对于网店的首页或其他关键页面上的轮播元素，可以进行 A/B 测试来确定最有效的轮播内容、顺序和速度。测试不同的图片、文本和呈现方式，以找到最吸引用户注意力和提高转化率的组合。

收集用户反馈：除了数据分析，收集用户的反馈和意见也是优化网店的重要资源。通过调查问卷、用户评价和社交媒体互动等方式，了解用户的需求、痛点和建议，并将其纳入转化率优化的决策过程中。

实时聊天和客户支持：提供实时聊天功能和优质的客户支持，可以帮助解答用户的疑问、消除用户的顾虑并增加用户的购买意愿。确保客户支持团队及时响应用户的需求，并持续改进服务质量。

社交证明和评价：在网店中展示用户的评价、评分和社交媒体证明，可以增加用户的信任和购买动力。通过添加客户评价和分享社交媒体上的用户反馈，提高用户对产品和品牌的信心。

优惠促销和限时优惠：运用优惠促销、限时优惠和奖励措施来激发用户的购买欲望。通过合理的促销活动和优惠码，吸引用户在网店中完成购买行为。

目标广告和重定向：利用 Shopify 的广告工具和集成的广告平台（如 Facebook Ads、Google Ads 等），将目标广告和重定向策略应用于潜在客户。针对特定用户群体展示个性化广告，提高品牌曝光度和转化率。

移动优化：确保你的网店在移动设备上有良好的用户体验。优化页面加载速度，调整布局和按钮大小，以适应不同尺寸的移动设备屏幕。移动友好的网店将增加移动用户的转化率。

持续关注数据分析、用户反馈和市场趋势，将转化率优化和 A/B 测试作为持续的过程，不断改进和优化你的网店。通过逐步改进关键页面和流程，提高用户体验和购买决策的效果，从而增加转化率和提升销售业绩。

7.3 Shopify 的用户反馈和客户服务

在 Shopify 上,用户反馈和客户服务是非常重要的,可以帮助你了解用户需求、解决问题,提高用户满意度并建立良好的客户关系。以下是一些关于 Shopify 的用户反馈和客户服务的相关介绍。

客户支持渠道:提供多种渠道让用户与你联系,例如电子邮件、在线聊天、电话支持等。确保客户支持团队能够及时响应用户的需求并提供解决方案。

专业的客户服务团队:建立一个专业、热情和有经验的客户服务团队,能够处理用户的问题、提供准确的信息和解决方案,并为用户提供友好和个性化的服务体验。

响应时间:尽可能快地回应用户的查询和问题,以避免用户的不满和流失。设定合理的响应时间目标,并努力在该时间范围内回复用户。

自助支持资源:提供用户自助支持的资源,例如常见问题解答(FAQ)、使用指南、视频教程等。这样,用户可以通过自助方式解决一些常见问题,减少客户支持团队的负担。

用户调查和评价:定期进行用户调查和评价,以了解用户对你网店和产品的看法、需求和建议。通过用户反馈,可以不断改进和优化你的产品和服务,提高用户满意度。

售后服务:提供良好的售后服务,包括退款和退货流程、产品保修、替换和修复等。确保用户在遇到问题或不满意时能够得到适当的支持和解决方案。

社交媒体互动:积极参与社交媒体平台上的用户互动,回复评论和提问,并与用户建立良好的互动关系。这有助于增强用户对品牌的信任和忠诚。

用户回访和跟进:定期回访用户,了解他们的购买体验和意见。对于未完成的购买或购物车放弃的用户,可以发送提醒和优惠,以促进购买行为。

持续改进和优化:根据用户反馈和数据分析,持续改进和优化客户服务的流程、资源和策略。关注用户的痛点和需求,不断提高客户服务的质量和效果。

通过专注于用户反馈和提供优质的客户服务,你可以建立一个满足用户需求、增加用户忠诚度的网店。下面是关于 Shopify 的用户反馈和客户服务的建议。

关注用户评论和评价：定期监控和回复用户在网店、社交媒体或评价平台上的评论和评价。积极回应用户的反馈，解决问题并表达对用户的感谢。这有助于传递关怀和关注用户意见的信息，同时展示出对客户的重视。

个性化用户体验：根据用户的历史购买记录和偏好，提供个性化的购物体验。通过利用 Shopify 提供的功能和插件，可以为用户推荐相关的产品、提供个性化的优惠和折扣，增加用户的购买动力。

社区建设：创建一个与你的品牌相关的社区，为用户提供一个交流和分享的平台。这可以是一个论坛、社交媒体群组或在线活动等。通过促进用户之间的互动和共享，建立支持性和合作性的社区氛围。

数据驱动决策：利用 Shopify 提供的数据分析工具，深入了解用户行为、购买习惯和流量来源等关键指标。基于数据的洞察，优化网店的用户体验、产品推荐和营销策略，以提高客户满意度和转化率。

教育和培训资源：为用户提供有价值的教育和培训资源，例如使用指南、教程视频、博客文章等。这有助于用户更好地理解和使用你的产品，提高用户满意度并减少支持请求的数量。

社交媒体广告和推广活动：利用 Shopify 的社交媒体广告工具和插件，在社交媒体平台上展示有吸引力的广告和推广活动。通过精确的定位和定制的广告内容，吸引潜在客户并引导他们访问和购买你的产品。

跟进客户体验：在用户完成购买后，关注他们的后续体验。发送感谢邮件、邀请评论或提供额外的支持，以确保用户对购买的满意度，并为再次购买或推荐提供积极的体验。

通过关注用户反馈、提供个性化的客户服务和持续改进，你可以提供优质的客户体验，并增加客户的忠诚度和提升口碑。记住，满足用户需求、提供卓越的服务和建立良好的客户关系是推动 Shopify 网店成功的关键要素。

8 Shopify 安全和备份

在 Shopify 上，安全和备份是非常重要的，以确保你的网店和客户数据的安全性和可靠性。以下是关于 Shopify 安全和备份的一些关键要点。

安全证书和加密：Shopify 提供 SSL(Secure Sockets Layer)证书，通过加密传输数据，保护客户的个人信息和支付数据。这确保了网店的安全性，并增加了用户的信任。

支付和交易安全：Shopify 集成了多个安全的支付网关，如 Shopify Payments、PayPal、Stripe 等，确保用户的支付和交易信息的安全性。这些支付网关符合 PCI DSS(Payment Card Industry Data Security Standard)标准。

数据备份和恢复：Shopify 提供自动的数据备份和恢复功能，保护你的网店数据免受数据丢失或灾难性事件的影响。这意味着即使发生意外情况，你的数据也可以迅速恢复。

安全更新和维护：Shopify 负责维护和更新平台的安全性。它定期进行安全检查、修复漏洞和更新系统，以确保网店的安全性。

防止欺诈和风险管理：Shopify 提供了欺诈检测和风险管理工具，帮助你识别和防止潜在的欺诈行为和风险交易。这可以保护你的网店和客户免受欺诈活动的影响。

访问控制和权限管理：Shopify 允许你设置不同用户角色和权限，限制对网店后台的访问和操作。这可以确保只有授权人员能够访问敏感信息和执行关键任务。

安全培训和意识：Shopify 为商家提供有关安全的培训和资源，以增强用户对安全的意识和理解。这有助于减少安全风险和人为错误。

第三方应用审核：Shopify 对其应用商店中的应用进行审核和筛选，确保商家使用安全可靠的应用，并降低潜在的安全风险。

请记住，尽管 Shopify 采取了许多安全措施来保护你的网店和数据，作为商家，你也应承担一定的责任来保护你的账户和客户数据。建议你采取以下措施。

使用强密码,并定期更换密码。

限制员工的访问权限,并监控账户活动。

定期备份你的数据,并将备份存储在安全的位置。

定期更新和维护你的网店主题、插件和应用程序,以确保它们具有最新的安全补丁和功能。

警惕钓鱼和恶意链接,避免点击不明来源的链接或提供个人信息给不可信的第三方。

定期监控你的网店和交易活动,注意异常或可疑的活动,并及时采取相应的措施。

使用 Shopify 提供的安全功能,如两步验证(2FA)和 IP 白名单,以增强账户的安全性。

与 Shopify 的支持团队保持联系,及时报告任何安全问题或疑虑。

通过采取这些安全措施,你可以确保你的 Shopify 网店和客户数据的安全,并降低潜在的安全风险。同时,定期关注 Shopify 的安全更新和建议,以了解最新的安全措施和最佳实践,进一步提升你网店的安全性。

8.1 Shopify 的安全性和数据保护

Shopify 非常重视安全性和数据保护,采取了多种措施来确保商家和客户的信息安全。以下是关于 Shopify 安全性和数据保护的一些关键要点。

安全基础设施:Shopify 在全球范围内建立了安全性高、可靠性强的基础设施。它使用了先进的网络安全技术和设备来保护商家和客户的数据。

数据加密:Shopify 使用 SSL(Secure Sockets Layer)加密技术来保护商店和客户之间的数据传输。这确保了用户的个人信息和支付数据在传输过程中的安全性。

安全认证:Shopify 符合 PCI-DSS(Payment Card Industry Data Security Standard)标准,这是一种广泛接受的支付卡行业安全标准。这意味着当商家使用 Shopify 的支付功能时,他们的支付信息会受到高度保护。

数据备份和恢复:Shopify 定期备份商店的数据,以防止数据丢失或损坏。这使商家可以在需要时恢复数据,并确保商店的连续运营。

服务器安全:Shopify 采用多层防御措施来保护其服务器免受潜在的安全

威胁。它能进行实时监测和入侵检测,以及持续的安全更新和程序修补。

应用审核:Shopify 对其应用商店中的应用进行审核和筛选,以确保商家使用安全可靠的应用。这有助于降低潜在的安全风险。

账户安全:Shopify 提供了多种账户安全功能,例如两步验证(2FA)和 IP 白名单。商家可以使用这些功能来增强其账户的安全性。

隐私政策和 GDPR 合规性:Shopify 有详细的隐私政策,说明它如何收集、使用和保护用户的个人数据。它也致力于遵守欧洲通用数据保护条例(GDPR)的要求。

尽管 Shopify 采取了多种安全措施来保护商家和客户的数据,但作为商家,你也有责任采取适当的安全措施来保护你的账户和数据。这包括使用强密码、定期更改密码、限制账户访问权限等。

总体而言,Shopify 致力于提供安全可靠的电子商务平台,确保商家和客户的数据受到保护。它持续关注安全领域的最新趋势和技术,并不断更新和改进安全措施。此外,它还提供安全培训和资源,帮助商家了解和应对安全问题。

对于数据保护方面,Shopify 遵守适用的隐私法规并采取相应的措施来确保用户数据的机密性和完整性。它明确了数据使用和处理的规则,并只在商家授权的情况下使用数据。商家可以通过隐私设置和选项来控制其商店中的数据使用和共享方式。

以下是一些 Shopify 提供的数据保护功能和措施。

隐私设置:商家可以根据需要设置隐私政策,并提供清晰的隐私通知,告知用户他们的数据将如何收集、使用和保护。

数据访问控制:商家可以通过设置不同的员工角色和权限,限制对商店数据的访问。这有助于确保只有授权人员可以访问敏感数据。

数据删除和保留:商家可以根据需要删除或保留特定的数据。Shopify 还提供了自动化的数据保留功能,以符合适用的法律和合规要求。

GDPR 合规性:Shopify 支持商家遵守欧洲通用数据保护条例(GDPR)的要求,并提供了相关的工具和功能,以确保商家处理用户数据的合法性和透明性。

数据加密和安全传输:Shopify 使用 SSL 加密来确保数据传输的安全性。此外,它还采取了其他安全措施来防止数据被未经授权地访问或窃取。

第三方应用审核:Shopify 对其应用商店中的应用进行审核和筛选,以确保应用符合数据保护和隐私的最佳实践。

需要注意的是，尽管 Shopify 提供了一系列的安全性和数据保护措施，但商家在使用 Shopify 平台时仍应自行采取合适的安全措施，包括定期备份数据、定期审查和更新安全设置、教育员工遵循有关数据保护的最佳实践等。

总结而言，Shopify 致力于提供安全和数据保护的电子商务解决方案。它采取了多种技术和措施来保护商家和客户的数据安全，并遵守相关的隐私法规。商家可以利用 Shopify 的安全功能和设置来确保其网店和客户数据的安全受到保护。

8.2 Shopify 的备份和恢复功能

Shopify 提供了备份和恢复功能，使商家能够保护和恢复其网店的数据。以下是有关 Shopify 备份和恢复功能的一些介绍。

数据备份：Shopify 定期自动备份商家的网店数据，包括产品、订单、客户信息等。备份数据通常保存在多个安全位置，以确保数据的完整性和可靠性。

数据恢复：如果商家意外删除了数据、发生了数据损坏或其他意外情况，他们可以利用 Shopify 的数据恢复功能来还原已备份的数据。商家可以选择恢复整个网店的数据，或者只恢复特定的产品、订单或其他数据。

回滚功能：Shopify 还提供了回滚功能，允许商家将其网店恢复到以前的状态。这对于处理意外更改、回退错误的操作或还原特定时间点的网店状态非常有用。

应用备份和恢复：除了核心网店数据的备份和恢复外，Shopify 还允许商家备份和恢复他们所使用的应用程序的设置和数据。这样商家可以在需要时恢复应用的配置和相关数据。

值得注意的是，备份和恢复功能主要由 Shopify 托管和管理。商家不需要自行设置或配置备份过程。备份的频率和数据恢复的范围通常由 Shopify 自行决定，并根据其安全策略进行操作。

然而，商家也应该了解备份和恢复功能的局限性。虽然 Shopify 努力确保数据备份的完整性和可靠性，但在极端情况下，可能会出现数据丢失或恢复不完整的情况。因此，商家应该自行采取适当的措施，例如定期导出数据并保留在其他存储位置，作为额外的数据备份。

总而言之，Shopify 提供了备份和恢复功能，使商家能够保护和恢复其网店的数据。商家可以依靠 Shopify 的备份系统来确保数据的安全性，并在需要时使用数据恢复功能来还原已备份的数据。

8.3　Shopify 的账户安全和密码保护

Shopify 的账户安全和密码保护是非常重要的,以下是一些关于 Shopify 账户安全和密码保护的建议。

强密码:创建一个强密码是账户安全的基础。确保你的密码包含字母、数字和特殊字符,并尽量避免使用常见的字典词汇或个人信息作为密码。同时,避免在多个网站或服务中使用相同的密码,以防止一旦密码泄露就导致多个账户受到威胁。

两步验证(2FA):启用两步验证功能可以为你的账户提供额外的安全层级。通过 2FA,登录时需要提供额外的身份验证信息,例如手机验证码、应用程序生成的验证码或安全密钥。这样,即使有人获得了你的密码,也无法轻易登录到你的账户。

安全问题:设置安全问题可以增强账户的安全性。选择一些只有你知道答案的问题,并确保答案不容易被猜测或获取到。

更新密码:定期更改密码是保护账户安全的一种好习惯。建议每隔几个月更新一次密码,确保密码的新鲜度和安全性。

警惕钓鱼和欺诈:注意防范钓鱼攻击和欺诈行为。不要点击来自未知来源或可疑的电子邮件链接,不要向任何人透露你的密码或账户信息。

登录活动监控:Shopify 提供了登录活动监控功能,你可以在账户设置中查看最近的登录活动。如果发现异常或未经授权的登录尝试,立即采取行动,并及时更改密码。

限制访问权限:根据需要,为你的账户设置适当的访问权限,只授权给必要的人员。避免与他人共享账户登录凭据,以确保账户的安全性。

定期审核账户设置:定期审查和更新你的账户设置,包括密码、安全问题和其他安全选项。确保所有设置都是最新的,并根据需要进行调整。

通过遵循上述建议,你可以增强你的 Shopify 账户的安全性,并确保账户免受未经授权的访问和潜在的安全威胁。

9　Shopify 站点发布和维护

发布和维护 Shopify 站点是确保你的在线业务顺利运行的关键步骤。以下是一些关于 Shopify 站点发布和维护的介绍。

完善产品和内容：在发布之前，确保你的产品和内容已经准备就绪。仔细检查产品信息、价格、描述和图片，确保它们准确、吸引人，并与你的品牌形象一致。

测试和预览：在正式发布之前，通过预览模式或测试订单来检查你的网站的各个功能和页面。确保所有链接、按钮和交互元素都正常工作，并确保用户体验良好。

自定义域名设置：如果你有自定义域名，你需要将其与你的 Shopify 站点关联起来。遵循 Shopify 提供的指南，进行域名设置和 DNS 配置，以确保你的域名与 Shopify 站点正确连接。

SEO：确保你的 Shopify 站点经过基本的搜索引擎优化（SEO）处理。为每个页面设置唯一的标题和描述标签，使用关键字优化内容，生成友好的 URL 结构等，以提高你的站点在搜索引擎中的可见性。

监测和分析：使用 Shopify 内置的分析工具或第三方分析工具，跟踪和监测你的网站的访问量、流量来源、销售数据等。这些数据可以帮助你评估网站的绩效，并根据需要做出调整和优化。

更新和维护：定期更新你的网站内容和产品信息，以保持其新鲜和吸引力。及时处理订单和客户查询，确保客户获得良好的购物体验。同时，保持 Shopify 平台和应用程序的更新，以确保你的站点在安全性和功能方面得到最新的改进和修复。

安全和备份：遵循 Shopify 的安全最佳实践，并采取适当的安全措施来保护你的站点和客户数据。定期备份你的数据，并确保备份是可靠的，以防止数据丢失或损坏。

支持和社区：利用 Shopify 的支持资源和社区论坛，获取帮助或解答你在站点发布和维护过程中遇到的问题。与其他 Shopify 用户交流和分享经验，从中学习和获得有价值的建议。

通过遵循这些步骤和实施最佳实践,你可以成功地发布和维护你的 Shopify 站点,并确保你的在线业务能提供稳定和优质的用户体验。

9.1　Shopify 网站发布和上线

发布和上线你的 Shopify 网站是一个关键的步骤,以确保你的在线业务能够正常运行。以下是一些关于 Shopify 网站发布和上线的介绍。

域名设置:首先,确保你已经注册了一个合适的域名,并将其与你的 Shopify 网站关联起来。在 Shopify 管理面板中,进入"Online Store"(在线商店),点击"Domains"(域名),按照指引设置你的自定义域名或购买新的域名。

网站设计:选择一个适合你品牌和产品的主题,并进行自定义设计。在 Shopify 的主题商店中,浏览并选择你喜欢的主题,然后根据你的品牌风格进行自定义设置,包括颜色、字体、布局等。

商品添加:在 Shopify 中添加你的商品和产品信息。为每个商品设置详细的描述、价格、图片等。确保你的商品分类清晰,方便用户浏览和购买。

页面创建:创建必要的页面,如首页、"关于我们""联系我们"等。这些页面应包含关键信息和联系方式,以便用户了解你的品牌和与你联系。

支付和配送设置:配置支付和配送选项,确保用户可以方便地完成购买和选择适当的配送方式。在 Shopify 的设置中,配置支付网关、运输方式和税务设置等。

测试和预览:在正式发布之前,进行测试和预览你的网站。检查所有页面和功能是否正常运行,包括购物车、结账流程、联系表单等。确保用户体验流畅并且无错误。

SEO:为你的网站进行基本的搜索引擎优化(SEO),包括设置页面标题、描述、关键词,生成友好的 URL 结构等。这将有助于提高你的网站在搜索引擎结果中的排名,增加有针对性的流量和潜在客户。

上线和宣传:当你完成了上述步骤并确认一切准备就绪时,你可以选择上线你的 Shopify 网站。在 Shopify 管理面板中,将你的网站从"Password protection"(密码保护)状态切换到"Online"(上线)状态。同时,利用各种渠道宣传你的网站,包括社交媒体、电子邮件营销、广告等,以吸引用户访问和购买。

持续维护和优化:上线后,定期维护和优化你的网站。更新产品信息、内容和图像,跟踪数据和分析报告,了解用户行为和网站绩效,并根据需要做出相应优化和调整。

网站安全和备份:确保你的 Shopify 网站具备安全性和备份机制。采取安全措施,如启用 SSL 证书以确保数据传输的安全性,监测和防范潜在的安全威胁,定期备份网站数据以防止数据丢失或损坏。

更新主题和插件:定期检查并更新你使用的主题和插件。这些更新通常包括安全补丁和功能改进,以确保你的网站保持最新和安全。

用户体验优化:定期评估和优化你的网站的用户体验。通过分析用户行为和反馈,了解用户遇到的问题和瓶颈,并进行相应的改进,以提高用户满意度和转化率。

社交媒体整合:将你的 Shopify 网站与社交媒体平台整合。添加社交媒体共享按钮,使用户可以方便地分享你的产品和内容。同时,利用社交媒体广告和推广活动,吸引更多的潜在客户访问你的网站。

客户支持:建立一个良好的客户支持系统,确保及时响应用户的问题和查询。提供多种联系方式,如在线聊天、电子邮件和电话支持,以便用户与你联系并获得帮助。

数据分析和优化:利用 Shopify 的数据分析工具或第三方工具,跟踪和分析你的网站数据。深入了解用户行为、购买习惯和流量来源,根据数据做出有针对性的优化和决策,以提升网站绩效和销售效果。

持续学习和改进:保持对电子商务行业的关注,并持续学习和改进你的 Shopify 网站。了解行业趋势和最佳实践,参与相关的培训和活动,与其他 Shopify 用户交流经验,不断提升你的在线业务能力。

通过上述步骤和实践,你可以成功发布和维护你的 Shopify 网站,为用户提供良好的购物体验,并促进你的在线业务的增长和成功。

9.2　Shopify 网站维护和更新

网站维护和更新是确保你的网站正常运行、具备安全性和提供良好的用户体验的关键活动。以下是一些关于网站维护和更新的 9 个方面具体做法。

9.2.1　定期检查

定期备份网站数据:定期备份你的网站数据是防止数据丢失或损坏的重

要措施。确保你有可靠的备份系统，并定期进行备份，包括网站文件、数据库和其他重要数据。

定期检查网站链接：定期检查你的网站上的链接，确保它们正常工作且没有损坏。损坏的链接会给用户带来不良的用户体验，并可能影响你的搜索引擎排名。

定期检查网站表单：如果你的网站包含表单，如联系表单或订阅表单，你需要定期检查它们的功能和有效性。确保表单能够正常提交，并及时回复用户的提交请求。

定期检查网站的版权和法律事项：确保你的网站上的版权信息是最新的，并遵守适用的法律和规定。定期检查和更新隐私政策、服务条款和退款政策等内容，以确保它们与你的业务和法律要求保持一致。

定期审查网站内容：定期审查你的网站内容，确保信息准确、完整，并符合你的品牌形象和目标受众。更新过时的内容，删除不再相关的信息，并添加新的内容来吸引用户和提升搜索引擎排名。

定期更新软件和插件：如果你的网站使用第三方软件或插件，你需要定期检查并更新它们的版本。更新软件和插件可以提升网站的安全性和性能，同时修复已知的漏洞。

定期检查第三方集成：如果你的网站集成了第三方服务或 API，你需要定期检查这些集成的状态和有效性。确保集成正常运行，并与供应商保持联系，以获取任何必要的更新和支持。

定期评估用户反馈和建议：这是优化你的 Shopify 网站和业务的重要步骤。用户反馈可以提供宝贵的信息，帮助你了解用户的需求、痛点和期望，从而做出相应的改进和优化。

定期更新网站主题和样式：如果你使用的是网站主题或样式模板，你需要定期检查并更新它们。更新主题和样式可以使你的网站看起来现代化，并与你的品牌形象保持一致。

定期进行 A/B 测试：通过进行 A/B 测试，比较不同页面设计、内容排布或功能布局等变化对用户体验和转化率的影响。根据测试结果，选择最佳的设计方案和策略来优化网站。

定期评估和更新网站目标：定期评估和更新你的网站目标，确保它与你的业务目标和市场需求保持一致。根据变化的环境和用户需求，调整网站策略和功能，以适应不断变化的市场。

9.2.2　清理优化

清理无效链接和过期内容：定期检查和清理你的网站上的无效链接和过期内容。删除不存在的页面链接和过期的信息，以改善用户体验和搜索引擎的索引。

404 页面优化：为 404 页面提供有帮助的导航链接和搜索功能，以帮助用户找到他们需要的内容。利用自定义 404 页面来增加用户体验和降低用户的流失率。

SEO：持续进行搜索引擎优化（SEO）是提升你的网站在搜索引擎中的排名和可见性的关键。更新关键词、优化页面标题和描述、改善网站结构等，以吸引更多的有针对性的流量。

用户体验优化：收集用户反馈，了解他们的需求和问题，并尽量满足他们的期望。持续改善用户体验是保持用户满意度的好办法。

内容优化和更新：持续优化网站的内容，确保它与目标受众的需求和兴趣保持一致。进行关键词研究，优化页面标题、描述和头部标签，以提高搜索引擎的可见性和网站的流量。

优化移动体验：移动设备的使用越来越普遍，优化你的网站以提供良好的移动体验至关重要。确保网站在各种移动设备上的响应式设计，并优化页面加载速度和用户界面，以适应移动用户的需求。

9.2.3　更新监测

更新网站技术和功能：定期更新你的网站技术和功能，以保持与最新的标准和趋势保持一致。更新主题、插件和应用程序，并确保它们与最新的版本兼容。

更新网站内容：定期更新你的网站内容，包括产品信息、价格、促销活动等。确保信息准确、最新，并与你的品牌形象和目标受众保持一致。

更新产品和库存信息：如果你在网站上销售产品，你需要定期更新产品信息和库存情况，确保产品价格、描述、图片等信息是最新的，并及时更新库存状态，以避免用户购买过期或无货的产品。

更新内容和博客：定期更新你的网站内容和博客，提供有价值的信息和资源给用户。更新内容有助于吸引新的访问者和保持现有用户的兴趣。同时，确保你的内容与你的目标受众相关，并使用适当的关键词进行优化，以提高搜索引擎排名。

网站安全更新:及时更新你的网站和主题、插件等软件的安全补丁和版本。确保你使用的所有软件都是最新版本,以减少安全漏洞和潜在的被攻击风险。

更新安全证书:如果你的网站涉及在线交易或数据传输,你需要确保你的安全证书是最新的。安全证书(如 SSL 证书)可以对用户数据进行加密和保护,增加用户对网站的信任度。

安全性监测和防护:保持网站的安全性是至关重要的。定期监测潜在的安全威胁,如恶意攻击、病毒和黑客入侵,并采取相应的安全措施来防范和应对这些威胁。

监测网站性能:定期监测你的网站性能,包括加载速度、响应时间等。如果发现性能问题,采取相应的措施进行优化,以确保用户能够快速访问和浏览你的网站。

持续监测和改进:持续监测你的网站的性能、数据和用户反馈,并进行相应的改进。定期评估你的网站目标和指标,设置关键绩效指标(KPIs),并使用数据分析来指导你的决策和优化策略。

监测竞争对手:定期监测你的竞争对手的网站和营销活动。了解他们的策略和优势,以及市场趋势和用户偏好的变化。根据竞争对手的表现,进行相应的调整和优化,以保持竞争优势。

9.2.4　监控优化

监控竞争对手和行业动态:持续监控竞争对手的网站和行业的最新动态。了解竞争对手的网站优势和创新,以及行业的变化和趋势,从中获取启发,优化你的网站。

修复错误和漏洞:定期检查和修复网站上的错误和漏洞,包括检查链接是否正常工作、修复页面布局问题、解决功能异常等。及时修复这些问题可以提升用户体验并减少用户的流失。

安全漏洞扫描和修复:定期进行安全漏洞扫描,确保你的网站没有会被黑客攻击的漏洞。修复任何发现的漏洞,并加强网站的安全措施,以保护用户的数据和隐私。

优化网站加载速度:优化网站加载速度是提供良好用户体验的关键。通过压缩图像、减少插件和脚本的使用、使用缓存和内容分发网络(CDN)等措施,提高网站的加载速度,减少用户的等待时间。

SEO:持续进行搜索引擎优化,以提高你的网站在搜索引擎结果页中的排名。优化关键词、元标签、页面标题和描述等,以吸引有针对性的有机流量,并使用有效的链接建设策略来提高你的网站的权威性和可信度。

9.2.5　支持改进

支持和客户服务:提供良好的客户支持是维护网站的重要方面。确保及时回复客户的查询和问题,并提供多种联系方式,如在线聊天、电子邮件和电话等,以方便用户与你沟通。

故障排除和技术支持:建立一个故障排除过程和提供技术支持的机制。准备应对可能出现的技术问题,并确保你有足够的技术资源来解决问题并提供支持给用户。

多语言支持:如果你的目标市场涉及多个国家或地区,你需要考虑为你的网站提供多语言支持。这样可以吸引更多的全球用户,并提升他们在网站上的体验感和参与度。

联系方式和客服支持:确保网站上的联系方式清晰可见,并提供多种联系方式,如电话、电子邮件或在线聊天等。建立有效的客服支持体系,回答并解决用户的问题。

分析和改进:使用网站分析工具跟踪用户行为、流量来源和转化率等数据。通过深入了解这些数据,识别改进机会和优化点,并做出相应的调整和改进。

9.2.6　设计用户

响应式设计:确保你的网站在不同设备上都具有良好的响应式设计。用户可能使用不同的设备访问你的网站,包括手机、平板电脑和桌面电脑,因此你需要确保你的网站在各种尺寸的屏幕上都能够正常显示和操作。

用户测试:进行定期的用户测试,以评估你的网站的用户体验。邀请用户进行测试,并收集他们的反馈和意见。根据用户的反馈,进行相应的优化和改进,以提升网站的易用性和用户满意度。

用户行为分析:通过用户行为分析工具,了解用户在网站上的行为和转化路径。分析用户的点击、浏览和交互数据,以获取对用户偏好和需求的深入洞察,并基于这些数据做出相应的优化和改进。

个性化用户体验:利用用户行为和偏好数据,实施个性化用户体验策略。根据用户的兴趣和行为,提供定制化的内容、推荐和建议,以提高用户满意度和转化率。

用户反馈和建议:鼓励用户提供反馈和建议,从中进行改进。

9.2.7 营销管理

社交媒体整合:将你的网站与社交媒体平台整合,增加社交分享按钮和链接,方便用户分享你的内容和产品。同时,利用社交媒体平台进行营销推广,吸引更多的潜在客户访问你的网站。

社交媒体营销:与社交媒体平台整合,使用社交媒体营销策略来推广你的网站和产品。分享有价值的内容、参与社交媒体群组和活动,以扩大你的品牌知名度并吸引更多的潜在客户。

内部链接和导航:优化你的网站内部链接和导航结构,确保用户能够轻松导航和浏览你的网站。提供清晰的导航菜单、相关的内部链接和搜索功能,以便用户快速找到他们需要的信息和产品。

404 页面管理:监测和管理你的网站上的 404 页面(页面未找到)。确保为不存在的页面提供友好的错误提示,并提供相关的导航链接,以帮助用户找到他们需要的内容。

社区管理:如果你的网站包含社区功能,你需要定期进行社区管理,确保社区秩序良好,用户交流友好。监控用户生成内容,回复用户的问题和意见,并及时处理任何违规行为。

9.2.8 兼容网站

跨浏览器和跨设备测试:测试你的网站在不同浏览器、操作系统和设备上的兼容性。确保网站在各种环境下都能够正确显示和运行,并提供一致的用户体验。

网站多浏览器兼容性测试:测试你的网站在不同的浏览器和操作系统上的兼容性。确保你的网站在主要的浏览器(如 Chrome、Firefox、Safari 和 Edge)中都能够正常显示和运行。

跨平台兼容性测试:如果你的网站涉及多个平台(如桌面、移动设备、平板等),你需要进行跨平台兼容性测试。确保你的网站在不同平台上都能够正常运行和展示,并提供一致的用户体验。

网站可访问性:关注网站的可访问性,确保所有用户,包括残障人士,都能够访问和浏览你的网站。遵循可访问性标准和指南,如 WCAG(Web Content Accessibility Guidelines),并进行相应的改进,以提供无障碍的用户体验。

网站监测和警报：设置网站监测和警报系统，以及时发现网站故障、性能下降、安全问题等。通过定期检查和自动警报，你可以快速采取行动并解决潜在的问题。

网站更新计划：制定一个网站更新计划，确保你按照一定的时间表和优先级进行更新和改进。根据你的资源和业务需求，制定一个合理的更新计划，以确保你的网站保持最新和具有竞争力。

备份和恢复计划：开发灾难恢复计划，包括在数据丢失或系统故障时的紧急行动步骤和联系人。记录备份和恢复计划的细节，包括备份位置、频率、恢复步骤等。确保多个团队成员了解计划并能够执行。

网站性能监测：使用性能监测工具来评估你的网站的加载速度和性能表现。这些工具可以帮助你确定性能瓶颈，并提供优化建议，以改善网站的响应时间和用户体验。

网站分析和追踪：使用网站分析工具（如 Google Analytics）来跟踪和分析你的网站的数据。了解你的网站访问量、用户行为和转化率等指标，以便做出基于数据的决策和优化策略。

网站测试：定期进行网站测试，包括功能测试、兼容性测试和用户体验测试等。通过测试你的网站，发现并修复潜在的问题，确保网站在各种浏览器和设备上的兼容性和稳定性。

网站访问权限管理：根据需要，管理网站的访问权限。对于特定的页面或功能，你可以设置访问限制，只允许特定的用户或用户组访问，以保护敏感信息和经授权的使用者。

网站错误日志监测：定期检查网站错误日志，以及时发现和解决潜在的问题。错误日志可以提供有关网站错误、访问拒绝原因，当发现错误时，仔细分析错误信息，包括错误消息、时间戳、发生错误的页面或脚本、用户 IP 地址等。这有助于定位问题的根本原因。

网站设计优化：定期审查和优化你的网站设计，以确保它与当前的设计趋势和用户偏好保持一致。考虑使用吸引人的图像、直观的导航和清晰的布局，以提升用户体验和吸引力。

网站可用性测试：进行定期的网站可用性测试，以评估用户在你的网站上的操作和交互体验。通过测试，识别和解决潜在的用户体验问题，并提供更流畅和直观的用户界面。

网站优化策略：制定一个网站优化策略，根据数据分析和用户反馈，优化关键页面、流程和功能。持续改进你的网站，以提供更好的用户体验和更高的转化率。

网站可靠性和稳定性:定期进行网站的可靠性和稳定性评估。监控服务器性能、网络连接和数据库等基础设施,确保网站能够持续稳定地运行,减少故障和宕机的风险。

网站访问速度优化:使用缓存技术、压缩文件和优化图片等方法来提高网站的访问速度。较快的加载速度有助于提升用户体验和搜索引擎排名。

网站可访问性测试:进行定期的网站可访问性测试,确保你的网站对于残障人士和有特殊需求的用户是可访问的。遵循可访问性指南,并进行必要的改进,以提供包容性的用户体验。

网站关键指标跟踪:定义关键指标(Key Performance Indicators,KPIs),并跟踪这些指标以衡量网站的表现。这些指标可以是访问量、转化率、平均访问时长等,根据你的业务目标选择适合的指标进行跟踪和分析。

网站整体用户体验优化:综合考虑网站的设计、导航、内容和交互等因素,持续优化整体用户体验。关注用户的感受和反馈,不断改进和提升网站的易用性、可访问性和吸引力。

监控和处理网站漏洞及安全威胁:定期进行网站漏洞扫描和安全评估,及时修复任何发现的漏洞。制定紧急响应计划,以应对潜在的安全威胁和攻击,并确保网站的安全性和可靠性。

网站数据备份和恢复计划:制定定期的网站数据备份和恢复计划,确保网站数据的安全性和完整性。备份网站文件、数据库和配置等重要数据,以便在数据意外丢失时,可以帮助你在紧急情况下迅速恢复网站功能。

网站反馈和投诉处理:设立反馈和投诉处理机制,及时回复用户的反馈和投诉。关注用户的意见和建议,改进网站的不足之处,并尽力解决用户的问题,以提升用户满意度和忠诚度。

网站版本控制和发布管理:建立有效的版本控制和发布管理流程,确保网站更新和改进的有序进行。进行测试和审核,避免发布存在问题的版本,以保持网站的稳定性和可靠性。

网站无障碍性优化:关注网站的无障碍性,使其对残障人士和有特殊需求的用户友好。遵循无障碍性标准和指南,提供合适的辅助功能和可访问性选项,以确保所有用户都能够方便地使用你的网站。

网站备案和合规性:根据当地法律法规要求,确保你的网站进行备案并符合相关合规性要求。这可能包括隐私政策、数据保护措施、版权声明等方面的要求。

网站品牌管理：保持网站与你的品牌形象和价值观一致。使用统一的品牌元素和风格，包括标志、色彩、字体等，以增强品牌识别性和用户记忆。

9.2.9 反馈评论

积极参与用户反馈和评论：鼓励用户提供反馈和评论，并积极参与回复和解决用户的问题。这不仅可以增加用户满意度，还可以建立良好的品牌声誉和客户关系。

这些是网站维护和更新的一些常见任务和策略。根据你的具体情况和目标，你可以选择适合的任务来确保你的网站保持良好的运行状态并提供良好的用户体验。

9.3 Shopify 网站备案和域名管理

在 Shopify 网站备案和域名管理方面，以下是一些常见的指导和建议。

网站备案：根据当地法律法规的要求，完成 Shopify 网站的备案程序。备案要求因国家和地区而异，你需要了解并遵守当地的相关规定。通常，备案要求涉及网站所有者的身份验证和一些必要的信息。

域名注册和管理：选择合适的域名并进行注册。在 Shopify 上注册域名非常简单，你可以在 Shopify 后台或通过 Shopify 的合作伙伴注册域名。管理域名时，确保域名注册信息是准确的，并在需要时进行更新。

域名解析和指向：将你的域名解析指向 Shopify 网站。根据 Shopify 提供的指南和教程，设置域名的 DNS 记录，将域名指向 Shopify 的服务器。这样，当用户访问你的域名时，将自动加载 Shopify 网站。

域名续费和保护：及时为你的域名续费，以确保它的持续使用。在域名到期前的适当时间内进行续费，并确保你的联系信息是最新的。此外，考虑注册域名保护服务，以防止域名被恶意注册或转移。

域名重定向和别名：如果你有多个域名，考虑设置域名重定向或别名，以确保这些域名都指向你的 Shopify 网站。这可以帮助你保护品牌，增加流量，并提供更多的访问途径。

SSL 证书：为你的 Shopify 网站安装 SSL 证书，以确保网站的安全性和数据加密。SSL 证书可以增加用户对网站的信任，并提供安全的在线交易环境。

域名相关政策和规定：了解域名注册和使用的相关政策和规定。这包括域名注册商的服务条款、ICANN 的规定以及当地域名注册机构的规定。遵守这些规定可以确保你的域名的合规性和可靠性。

请注意，备案和域名管理的具体要求会因国家和地区而异。因此，建议你根据自己的情况和所在地的规定，了解相关的要求，并遵循相应的步骤来完成备案和管理域名。

10　Shopify 网站优化和扩展

对于优化和扩展你的 Shopify 网站,以下是一些常见的方案。

优化网站速度:确保你的 Shopify 网站加载速度快且性能良好。优化图片大小、使用缓存、减少 HTTP 请求等技术手段可以提高网站的加载速度,提升用户体验。

改善网站导航和布局:优化网站的导航和布局,使用户能够轻松浏览和找到所需的信息和产品。设计清晰的菜单结构、添加搜索功能,并确保页面布局直观和易于导航。

优化产品页面:优化你的产品页面,使其吸引人并提高转化率。使用高质量的产品图片和详细的描述,添加客户评价和评分,提供多种支付选项等,以增加用户购买意愿。

SEO:进行搜索引擎优化,提高你的 Shopify 网站在搜索引擎结果中的排名。使用相关的关键词、创建优质的内容、优化网页元数据等,以增加网站的可见性和流量。

社交媒体整合:将你的 Shopify 网站与社交媒体平台整合,扩大你的品牌影响力和在线存在。添加社交媒体分享按钮,将其链接到你的社交媒体账号,并定期发布有价值的内容来与你的目标受众互动。

添加推荐产品和交叉销售:利用 Shopify 的功能来添加推荐产品和交叉销售选项。通过显示相关产品或购买配套产品的推荐,可以增强用户的购买意愿,提高订单价值。

使用优惠券和促销活动:设置优惠券和促销活动来吸引新客户和促进再购。提供折扣、免费送货或其他特别优惠,以激发用户的购买欲望。

安全和信任建立:确保你的 Shopify 网站具备安全性,并建立用户对你品牌的信任。使用 SSL 证书,提供安全支付选项,并显示信任徽章或客户评价,以增强用户信心。

使用 Shopify 应用和插件:利用 Shopify 的应用商店中的应用和插件来扩

展和增强你的网站功能。这些应用可以提供额外的营销工具、客户支持功能、数据分析等,以满足你的特定需求。

定期监测和分析:使用 Shopify 提供的数据分析工具和报告来监测你的网站性能和业务指标。了解访问量、转化率、产品热门等访问者行为、网站性能以及营销策略的有效性,是保持 Shopity 网站运行状况良好、改进用户体验和提高销售效率的关键。

移动友好设计:确保你的 Shopify 网站在移动设备上具有良好的用户体验。采用响应式设计,使网站自适应不同的屏幕尺寸,并确保页面加载速度快,按钮和菜单易于点击。

内容营销:通过博客、教程、指南等有价值的内容来吸引用户并提高网站的可见性。优化你的内容以符合搜索引擎要求,并利用社交媒体和电子邮件营销来推广你的内容。

跨渠道销售:将你的 Shopify 网站与其他销售渠道(如在线市场、社交媒体平台)集成,以扩展你的销售渠道和增加产品曝光度。

数据驱动决策:利用 Shopify 的数据分析工具和报告来了解用户行为、销售趋势和关键指标。基于这些数据,制定和优化你的营销策略,以提高网站的转化率和盈利能力。

客户留存和忠诚度:实施客户留存和忠诚度计划,例如设置会员制度、发送定期电子邮件或短信推送,以保持与现有客户的联系并鼓励再次购买。

多语言支持:如果你的目标市场涉及多个语言或地区,你需要考虑为你的 Shopify 网站添加多语言支持。这可以通过使用翻译插件或多语言主题来实现,以更好地满足不同用户的需求。

社交证明和用户评价:在你的 Shopify 网站上展示用户评价、社交证明和推荐。这些可以增加用户的信任和购买动力,提高网站的转化率。

网站安全和更新:定期更新 Shopify 主题、应用和插件,以确保网站的安全性和功能性。同时,使用强密码,定期备份网站数据,并监测潜在的安全漏洞。

增加购物体验:提供便捷的购物体验,例如简化购物车结账流程、提供多种支付方式和配送选项。通过提供个性化的购物建议和推荐,进一步提升用户体验。

实时支持和客户服务:提供实时的在线聊天支持、快速响应客户的问题和投诉,以增加客户满意度和忠诚度。

通过综合应用这些优化和扩展策略,你可以进一步提升你的 Shopify 网站的表现,吸引更多的访问者,提高转化率,并增加销售额。记住,不断监测和分析你的网站数据,以了解哪些策略和优化措施对你的业务最为有效,并根据市场变化和用户反馈进行调整和改进。

此外,与其他 Shopify 商家和专业人士保持联系,参加培训和网络研讨会,以保持对最新的市场趋势和最佳实践的了解。Shopify 社区是一个很好的资源,你可以在其中与其他用户交流经验、获取建议和分享成功故事。

最后,不要忘记持续更新你的网站内容、产品信息和促销活动,以保持与目标受众的互动。通过不断改进和优化你的 Shopify 网站,你将能够建立成功的在线业务,并为你的客户提供出色的购物体验。

10.1 Shopify 网站速度和加载速度优化

10.1.1 优化措施建议

优化 Shopify 网站的速度和加载速度对于提供良好的用户体验和增加转化率至关重要。以下是一些优化措施和建议。

图片优化:使用适当的图片格式(如 JPEG、PNG)和压缩工具来减小图片文件大小,同时保持良好的质量。尽量避免使用过大的图片,并确保每个页面上的图片都经过优化。

延迟加载图片:采用延迟加载技术,使页面上的图片在用户滚动时才加载。这可以减少页面的初始加载时间,并提升用户体验。

使用缓存:启用浏览器缓存和服务器端缓存,以减少重复访问时的数据传输和加载时间。设置适当的缓存策略,使重复访问的资源能够从缓存中加载,而不是重新下载。

压缩代码:使用压缩工具来压缩 CSS 和 JavaScript 代码,以减小文件大小并提高加载速度。通过减少不必要的空格、注释和行数,可以大大减小文件体积。

最小化 HTTP 请求:减少页面上的 HTTP 请求次数,可以加快页面加载速度。将多个 CSS 文件合并为一个文件,合并多个 JavaScript 文件,并优化其他资源的请求。

CDN 加速:使用内容分发网络(CDN)来加快资源的传输。CDN 将你的网站内容分发到全球多个服务器上,使用户可以从离他们更近的服务器加载内容,从而减少网络延迟和提高加载速度。

移除不必要的应用和插件:定期审查你的 Shopify 应用和插件,并移除不再使用或不必要的部分。每个应用和插件都可能增加额外的 HTTP 请求和脚本加载,影响网站的加载速度。

响应式设计:确保你的 Shopify 网站采用响应式设计,以适应不同屏幕尺寸的设备。这样可以避免移动设备上不必要的内容加载和布局问题。

定期监测和优化:使用工具如 Google PageSpeed Insights、GTmetrix 等定期检查你的网站速度,并根据报告中的建议进行优化。监测网站性能指标,如加载时间、响应时间等,并针对问题进行修复和改进。

选择高性能主题:选择经过优化和高性能的 Shopify 主题,这样可以减少额外的资源请求和提高页面加载速度。

通过采取这些速度优化措施,你可以显著提高你的 Shopify 网站的加载速度,提供更好的用户体验,并为增加转化率和搜索引擎排名做出贡献。除了上述措施外,还有一些其他方法可以进一步优化 Shopify 网站的速度。

10.1.2 进一步优化方法

移除不必要的页面元素:定期审查你的网站页面,并删除不必要的元素、插件或代码。简化页面结构和内容,使其更加清晰、简洁,从而加快加载速度。

减少重定向:过多的页面重定向会增加页面加载时间。确保你的链接和导航结构直接指向最终目标页面,避免不必要的中间重定向。

使用字体图标:相比于使用大量的图像图标,使用字体图标(如 Font Awesome)可以减少 HTTP 请求和页面加载时间。

优化数据库查询:如果你的 Shopify 网站使用了自定义数据库查询,你需要确保查询语句的效率足够高,并优化数据库索引,以提高查询性能和加载速度。

减少第三方脚本:评估你的网站上加载的第三方脚本(如广告代码、社交媒体插件等),并删除或减少对它们的依赖。每个额外的第三方脚本都会增加页面加载时间。

预加载和预渲染:使用预加载和预渲染技术,预先加载和渲染页面所需的资源,提前准备好下一个页面的内容,从而实现更快的页面切换,提供更好的加载体验。

响应式图片:采用响应式图片技术,根据设备的屏幕尺寸和分辨率,动态加载适合的图片大小,避免不必要的图片浪费带宽和加载时间。

提高服务器响应速度：选择可靠的托管提供商，并确保你的服务器能够快速响应请求。如果你的网站流量较大，可以考虑升级到更高级别的服务器配置或使用负载均衡技术。

定期更新和维护：保持你的 Shopify 平台、主题和应用程序更新到最新版本，以获取最新的性能改进和安全补丁。

进行性能测试：定期进行性能测试，模拟不同的网络环境和设备，以评估你的网站在各种条件下的表现，并发现潜在的性能瓶颈和改进点。

综合采取这些措施，你可以优化你的 Shopify 网站的速度和加载时间，提供更快、更流畅的用户体验，并提高网站的可用性和用户满意度。记住，持续的监测和优化是关键。随着时间的推移，不断监测你的网站性能，并根据数据进行优化和改进。使用工具和服务来跟踪关键性能指标，如页面加载时间、响应时间、页面大小等。

10.1.3　常用的工具和服务

Google Page Speed Insights：提供有关你的网站速度和性能的详细分析，并提供改进建议。

GTmetrix：通过分析你的网站加载时间、页面大小和其他性能指标，帮助你发现优化的机会。

Pingdom：提供实时监测和性能分析，帮助你了解你的网站在不同地点和网络条件下的加载速度。

Web Page Test：允许你在不同地点运行性能测试，并提供关于加载时间、水平瀑布图和其他性能指标的详细报告。

Shopify App Store：探索并使用与性能优化相关的应用和插件，如缓存工具、图像压缩工具等。

10.1.4　一般性的优化建议

最小化重定向：过多的页面重定向会增加加载时间，因此，确保你的链接结构简单直接，避免不必要的重定向。

使用内容分发网络(CDN)：使用 CDN 来存储和传送你的网站内容，以便更快地加载页面，尤其是对于全球用户来说。

精简代码和样式表：删除不必要的代码和样式表，并将它们合并到一个文件中，以减少 HTTP 请求和页面加载时间。

避免使用过多的第三方脚本：每个额外的第三方脚本都会增加页面加载

时间,因此,只使用必要的第三方脚本,并仔细评估其对网站性能的影响。

定期清理数据库:删除不必要的数据和记录,以提高数据库查询的效率和网站响应速度。

压缩文件和图片:使用压缩工具压缩 CSS、JavaScript 和图像文件,以减小文件大小和减少加载时间。

通过采取这些措施并进行持续优化,可以提高你的 Shopify 网站的性能,为用户提供更好的体验,并为你的业务增加转化率和销售额。

10.2　Shopify 网站扩展和增强

扩展和增强你的 Shopify 网站可以帮助你提升用户体验、增加销售和拓展业务。下面是一些扩展和增强 Shopify 网站的方法。

10.2.1　扩展和增强方法

应用和插件:在 Shopify App Store 中浏览并安装适合你业务需求的应用和插件。这些应用和插件可以增加功能和特性,例如推荐产品、社交分享、购物车提醒、产品评价等。

主题定制:选择适合你品牌形象和业务需求的 Shopify 主题,并进行自定义和调整。通过定制主题的颜色、布局、字体和样式,使其与你的品牌一致,并提供独特的用户体验。

多语言支持:如果你的目标市场涉及多个国家或地区,考虑添加多语言支持功能。通过翻译和本地化你的网站内容,提供更好的用户体验,并扩大你的受众范围。

社交媒体整合:将你的 Shopify 网站与社交媒体平台集成,允许用户通过社交媒体账户登录网站、分享产品和内容,以及与你的品牌进行互动。这有助于扩大品牌知名度和用户参与度。

内容营销:创建有吸引力的内容,如博客文章、产品指南、教程视频等,以吸引和留住用户。使用 Shopify 的博客功能或集成第三方内容管理系统(CMS)来管理和发布内容。

优惠和促销:通过 Shopify 的优惠券功能或使用应用来提供折扣、特价和促销活动,吸引用户购买并增加销售额。

顾客评论和评级:启用顾客评论和评级功能,让用户分享他们对产品的反馈和评价。这不仅可以增加产品的可信度,还为其他用户提供了有用的参考。

物流和配送:整合物流和配送服务,提供多种配送选项和方便的物流跟踪功能。这可以提高用户购物体验,同时减轻你的物流运营工作。

数据分析和报告:使用 Shopify 的内置数据分析工具或第三方分析工具,跟踪关键指标,了解你的网站表现和用户行为,并根据数据做出优化和改进。

跨平台销售:利用 Shopify 的跨平台销售功能,将你的产品扩展到其他在线市场和社交媒体平台,如亚马逊、eBay、Facebook、Instagram 等。

以上是一些扩展和增强 Shopify 网站的常见的方法。除了上述提到的方法外,以下是一些其他的扩展和增强策略。

10.2.2 扩展和增强策略

社交媒体广告:利用社交媒体广告平台,如 Facebook Ads、Instagram Ads、Twitter Ads 等,进行有针对性的广告宣传,增加品牌曝光和产品销售。

跨渠道营销:通过整合不同渠道,如电子邮件营销、短信营销、线下推广等,与潜在客户和现有客户保持联系,并促使他们购买你的产品。

个性化推荐:利用个性化推荐引擎,根据用户的浏览历史、购买行为和偏好,向他们推荐相关的产品和优惠,提高购买转化率。

虚拟现实(VR)和增强现实(AR)技术:探索利用虚拟现实和增强现实技术为用户提供更丰富的购物体验。例如,使用 AR 技术允许用户在现实世界中试穿产品或在虚拟环境中查看产品展示。

社区和用户参与:建立一个活跃的社区,通过用户评论、社交媒体互动、在线论坛等方式,促进用户参与并提升品牌忠诚度。

联盟营销:与相关行业的其他品牌或博主建立合作关系,进行联合营销活动,扩大品牌影响力和用户基础。

客户回购和忠诚计划:设置客户回购计划和忠诚度计划,提供独特的优惠和奖励,激励现有客户继续购买和推荐你的产品。

跨国销售和本地化:如果你计划在国际市场上销售产品,你需要考虑本地化你的网站,包括语言、货币、运费和支付方式的适配,以提供更好的购物体验。

反欺诈和安全措施:采取适当的反欺诈和安全措施,确保用户交易的安全性和信任度,例如使用 SSL 加密、实时交易验证等。

用户调研和反馈:定期进行用户调研和收集用户反馈,了解用户需求和偏好,有针对性地改进和优化你的网站和产品。

通过综合运用这些扩展和增强策略,你可以提升你的 Shopify 网站的功能和性能,增加用户的满意度和购买转化率。同时,记得定期评估和优化这些策略的效果,以确保它们对你的业务产生积极的影响。

10.2.3　其他扩展和增强策略

除了上述的扩展和增强策略,还有一些其他的方法可以进一步提升你的 Shopify 网站。

社交证明和用户生成内容:利用用户生成的内容和社交证明来增加你的产品和品牌的可信度。通过展示用户的评论、照片和视频,让其他潜在客户更有信心购买你的产品。

快速结账和支付选项:简化购物车结账流程,提供快速结账选项,例如使用快捷支付服务、一键支付等,以提高购买转化率。

营销活动和促销策略:定期进行营销活动和促销,例如限时优惠、打包销售、满减活动等,吸引用户购买并增加销售额。

定期更新和优化产品页面:定期审查和更新产品页面,确保产品信息准确、图片清晰,并通过有吸引力的产品描述和特色来吸引用户。

客户支持和沟通渠道:提供多种客户支持和沟通渠道,如在线聊天、电子邮件、电话等,及时解答用户的问题和提供帮助。

购物体验优化:关注用户在网站上的购物体验,确保网站加载速度快、页面布局清晰、导航易用,并提供清晰的购买指引和售后服务。

数据驱动的决策:使用数据分析工具和报告,了解用户行为、流量来源和转化率等关键指标,以便做出有针对性的优化和改进决策。

SEO:优化你的网站内容、元标记和链接结构,以提高在搜索引擎结果页面上的排名,增加有机流量和曝光度。

响应式设计:确保你的 Shopify 网站在各种设备上都能提供良好的用户体验,包括手机、平板电脑和桌面电脑。

数据安全和隐私保护:采取安全措施保护用户数据,包括使用 SSL 加密、定期备份数据等,以维护用户信任和保护隐私。

这些方法可以帮助你提升你的 Shopify 网站的功能、用户体验和销售效果。根据你的业务需求和目标,选择适合的策略并持续优化和改进。

参考文献

1.徐鹏飞.跨境电商独立站运营:Shopify 从入门到精通[M].北京:电子工业出版社,2022.

2.外贸麦克.跨境电商 Shopify 独立站运营实战[M].北京:电子工业出版社,2021.

3.李晓燕.跨境电子商务实务[M].重庆:重庆大学出版社,2021.

4.冷玉芳.跨境电子商务实务[M].北京:机械工业出版社,2021.

5.肖旭.跨境电商实务[M].北京:中国人民大学出版社,2020.